BLANCA SUÑÉN

La piel del Cordero

Entre Locos me metí
(y lo que sea de ellos, será de mí)

Editorial Dilema
Madrid, 2025

© Blanca Suñén García-Vaquero, 2025
© Editorial Dilema, 2025
Ibáñez Marín, 11 - 28019 Madrid
Teléfonos: 91 472 90 71 - 670 367 479
info@editorialdilema.com
www.editorialdilema.com
ISBN: 978-84-9827-721-0
Depósito legal: M-21615-2025

Diseño de colección y portada: Esther Hernández Gonzalo
Maquetación: Julia Gancedo

A mi loca y deslumbrante familia,
sin la cual no sería quien soy.
A Mayte Cid y Elena Suñén, las mejores
compañeras de tablas y vida que
hubiera podido soñar tener junto a mí.
A ti, mamá, porque sigues asistiendo a cada estreno.
A David Suñén y Gracia Flórez
por arroparme siempre.
A Paco e Irene Hernanz por este libro y, sobre todo,
por quererme tanto.

ÍNDICE

LA PIEL DEL CORDERO

Sinopsis:

Las empresarias Soledad Castro y Bibiana Izaguirre están en la cresta de la ola. Con su empresa, Global Manifiesta, se han hecho las dueñas soberanas de un mercado con un ingente y variado grupo de consumidores: la organización integral de manifestaciones.

La idea, perversa pero brillante, está interesando enormemente a políticos, empresas y organizaciones sociales. Sin embargo, un turbio y escondido suceso de su pasado va a salir a relucir, amenazando con destruir no sólo a las empresarias, sino a todo el entorno que les ha apoyado hasta ese momento.

Esta obra fue estrenada por la Compañía Tres en Banda el 4 de abril de 2025 en la Sala La Usina, de Madrid.

FICHA ARTÍSTICA
Bibiana Izaguirre: Mayte Cid
Soledad Castro: Elena Suñén
Colaboraciones especiales: Eulalia Alemany (voz de Assumpta Castell) y Ramón Cantos (como Michi Poveda)
Texto y dirección: Blanca Suñén

FICHA TÉCNICA
Escenografía: Espacio Lasú
Diseño de iluminación: 3de5/PAR y Paula Díaz Rodríguez
Espacio Sonoro: Sound Physic Lab
Vestuario: Maymancloth

Diseño gráfico, cartelería y realización vídeo "La Castell sin censuras": David Disoluto
Realización vídeos de escena: Blanca Suñén
Técnica de escena: Paula Díaz Rodríguez

DRAMATIS PERSONAE

SOLEDAD CASTRO
BIBIANA IZAGUIRRE
ASSUMPTA CASTELL (VOZ EN OFF Y VÍDEO)
MICHI POVEDA (VÍDEO)

Cuidado con los falsos profetas;
se acercan con piel de cordero,
pero por dentro son lobos rapaces.
Por sus frutos los conoceréis.
San Mateo (7, 15-20)

El lobo se vestía con piel de cordero
y el rebaño consentía el engaño.
Mary Shelley

PRÓLOGO

La luz va subiendo lentamente. en escena vemos un despacho extrañamente desordenado, con restos de botellas medio llenas y cuencos de cristal en los que se reconocen pastillas de diferentes colores. Hay un cenicero con colillas de porros. Tres trofeos, reconocibles como premios, están tirados por el suelo.Es un desorden notablemente estudiado. Es evidente que se ha colocado así por unos motivos muy concretos. Se diría que es un homenaje, un altar al caos. Dos cuerpos de mujer sobre sendas sillas, están cogidos de la mano. Una de ellas aún tiene en su mano libre un trofeo como los abandonados en el suelo. La postura de ambos cuerpos nos indican que la muerte se ha apoderado de ellos.

Mientras esta escena se desarrolla, suena una canción romántica y se proyecta un vídeo con diferentes imágenes significativas respecto a la vida personal de ambas mujeres. Finalizados vídeo y música, lentamente, se hace el oscuro.

ESCENA 1

Se proyecta la cabecera del programa "Sólo las valientes". La luz está baja.

Las actrices se incorporan y desaparecen para caracterizarse tal y cómo eran siete años atrás. El despacho sigue en desorden. Mientras lo hacen, y tras el final de la música y la cabecera, escuchamos la voz de la presentadora del programa, Assumpta Castell.

A lo largo de toda la escena, las mujeres harán todo lo posible por mantener en sus caras una gran sonrisa y mostrar una no menor complicidad.

ASSUMPTA (EN OFF): Buenas tardes a todos nuestros telespectadores de la 1. Soy Assumpta Castell y, como cada semana, todo el equipo de "Sólo las valientes", acudimos fieles a nuestra cita con aquellas mujeres que están haciendo historia en nuestro país. Mujeres valerosas, que se arriesgan, mujeres en cuyo vocabulario no existen las palabras rendición, fracaso o imposible. Mujeres que, en muchas ocasiones, han tenido que abrirse camino a base de tesón, de renuncias, de noches de insomnio en un mundo, no nos engañemos, todavía demasiado copado por el género masculino. Porque el mundo del que vamos a hablar hoy con nuestras dos protagonistas es el mundo empresarial. Por primera vez, tras sus doce años de existencia, el más prestigioso premio que se entrega en España a la trayectoria empresarial, el muy codiciado Magnificent Business Career, ha sido otorgado en este año de 2018 a dos mujeres, a dos visionarias que abrieron un camino empresarial allí donde nadie antes había plantado su bandera. Nos estamos refiriendo a Soledad Castro y Ponce de León y a Bibiana Izaguirre Peláez artífices de la empresa, ya convertida en arrasadora realidad, Global Manifiesta. Pido a la audiencia un gran aplauso para ellas.

Se escuchan aplausos. Las dos mujeres ya están en escena, sentadas y dispuestas a ser entrevistadas. Luz general.

ASSUMPTA: Buenas tardes Bibiana, buenas tardes Soledad.
BIBIANA: Buenas tardes, Assumpta.
SOLEDAD: Buenas tardes y muchas gracias por tus palabras.
ASSUMPTA: No, gracias a vosotras por estar esta tarde con toda nuestra audiencia. Sé que estáis muy ocupadas, me consta, ya que andáis metidas en varios proyectos de los que luego hablaremos. Pero antes que nada me gustaría que contarais a las miles de mujeres que hoy, sin duda ven nuestro programa, cómo fueron vuestros inicios.

Soledad le hace una señal cariñosa a Bibiana para que comience hablando ella.

BIBIANA: Bueno *(risa ligera)*, pues empiezo yo, aunque en esta empresa vamos las dos a la par, mandamos lo mismo. Sin embargo, como habrás visto, Assumpta, he obedecido inmediatamente a Soledad.

Se escuchan risas.

BIBIANA: Bien. La idea de Global Manifiesta surgió como

casi todas las buenas ideas: convirtiendo las debilidades en oportunidades, viendo más allá que el resto de las personas que hayan mirado antes en la misma dirección y, por supuesto, del encuentro casual entre dos personas de la forma más cotidiana del mundo.

SOLEDAD: Exactamente. El encuentro entre Bibi… Bibiana y yo no nació de másteres, reuniones en la cumbre, simposios ni nada de esto.

BIBIANA: Vamos, que no somos dos empresarias de casta, sino que somos como cualquiera de las mujeres que nos puedan estar viendo en este momento. Nuestra suerte fue encontrarnos la una a la otra.

ASSUMPTA: Eso es muy interesante. Contadnos como os conocisteis.

SOLEDAD: Pues mira, Assumpta, las cosas de la vida. Yo estaba trabajando en Atención al Cliente de una gran empresa de seguros, de la que no voy a decir el nombre por aquello de la publicidad, y me entró una llamada de una clienta muy, muy enfadada por un problema que nos puede pasar a cualquiera. *(A Bibiana)* ¿Lo puedo decir?

BIBIANA: *(Sonriendo)* Faltaría más.

SOLEDAD: A Bibiana le traía de cabeza una avería en la cisterna del wáter.

Se escuchan risas. También ríen las tres mujeres.

ASSUMPTA: *(Riendo)* ¡Qué bueno! ¡Esa es una anécdota de las grandes!

BIBIANA: En ese momento, te aseguro, Assumpta, que para

mí era el fin del mundo. Llevaba tres días sin que nadie del seguro me hiciera ni caso. Estaba hecha una furia. Pero apareció Soledad y fue mi salvación.

SOLEDAD: En realidad lo único que yo hice fue transmitirle confianza, seguridad en que el problema se solucionaría esa misma tarde. E hice lo posible porque así fuera.

ASSUMPTA: ¿Y se solucionó?

BIBIANA: Bueno, más bien ya por la noche, pero se solucionó, sí. Y la cisterna sigue funcionando a día de hoy.

Se escuchan aplausos.

ASSUMPTA: Entonces, podríamos decir que esa avería solucionada fue el principio de vuestra exitosa carrera como empresarias.

BIBIANA: Bueno, las cosas no fueron tan rápidas. Digamos que ese fue el primer contacto de lo que luego sería la unión de nuestras respectivas capacidades. Lo que sí hicimos fue seguir en contacto. A mí me impresionó mucho como Soledad había manejado mi enfado, sin perder la calma, a pesar de que se lo puse muy difícil.

SOLEDAD: Es que, Assumpta, tú piénsalo: tienes un problema que te está trastornando la vida desde hace días y nadie parece darse cuenta de lo importante que es para ti. Hasta que tú, o cualquiera de las personas que aquí están, perdéis los nervios, colgáis el teléfono y os amargáis la vida un día más sin encontrar solución.

BIBIANA: Porque la solución es el consenso, la claridad, saber cuál es el objetivo de la demanda y convertirlo en algo fácil y, por qué no decirlo, de feliz tramitación.

ASSUMPTA: Completamente de acuerdo con esas palabras, Bibiana.

Aplausos.

SOLEDAD: Bueno, pues como decía Bibi... Bibiana, las cosas tardaron un poco en fraguar. Primero nos hicimos amigas, pero cada una tenía su trabajo. Yo en la aseguradora, en Atención al Cliente, y ella en una empresa de eventos VIPS organizando fiestas, cocteles, cenas de gala, etcétera, para empresarios importantes.

BIBIANA: Parece que sean trabajos que están en las antípodas, pero no: todo se trata de dar un servicio muy determinado a personas muy determinadas.

SOLEDAD: A nosotras nos gusta decir que nuestra empresa actual nace de una profunda vocación de servicio público.

BIBIANA: Absolutamente. Bueno, el caso es que seguimos fraguando una amistad cada vez mayor, pero el trabajo nos chupaba toda la energía. Hasta que, en mi empresa, donde se cerró en falso la llamada Gran Recesión de la crisis económica, hace 4 años, decidieron empezar a prescindir de gente. Y yo, dada mi edad –así me lo dijeron- fui la primera en caer ya que, según ellos, mi imagen no era tan potente como antes.

ASSUMPTA: ¡Qué barbaridad!

SOLEDAD: Pues sí, Assumpta, pero como ya te hemos dicho antes, dónde determinadas empresas ven una cosa, nosotras vimos otra: convertir esa barbaridad en un canal de comunicación, sin amarguras, sin tristezas, a cielo abierto. Y una vez que Bibiana puso sus asuntos en orden y le sacó una buena indemnización a la empresa *(gestos de Bibiana aseverando esto)* yo pacté mi despido con la aseguradora, vendí algunas propiedades familiares y nos hicimos con un pequeño capital.

ASSUMPTA: Con el que, supongo, comenzasteis lo que hoy es vuestro gran éxito: Global Manifiesta.

BIBIANA: Eso es. Una empresa que, te podemos asegurar, hoy por hoy no tiene techo. Lo que se pudo quedar en un modesto negocio familiar -ya sabes que Soledad y yo estamos casadas- ha cubierto un hueco de mercado que se ha revelado como absolutamente imprescindible.

ASSUMPTA: ¡Y tanto! Ya me ha dicho un pajarito que estáis en conversaciones con el mismísimo gobierno de España. *(Antes de que ellas protesten por el comentario)* Pero dejemos esto para la próxima vez que vengáis a este programa. Contadnos, por favor, en qué consiste, Global Manifiesta.

Bibiana y Soledad se han sentido incómodas con la alusión al gobierno, pero se reponen como profesionales. Bibiana algo menos y Soledad, que se da perfectamente cuenta, toma la palabra mirando a Bibiana significativamente.

SOLEDAD: *(Normal)* Voy a empezar por unas preguntas a las personas que viven en Madrid:

Comienza a sonar una base de rap sobre las que Soledad y Bibiana rapean.

SOLEDAD: *(Rapeando)* ¿Han notado que el nivel de molestia

de las gentes que en Madrid se manifiestan,
ya no interfieren ni en su ocio, ni en sus bares, ni en sus siestas?
¿Acaso no han visto con sus propios ojos
que no se producen incidentes peligrosos?
¿Qué no hay pancartas ofensivas, ni se mira atrás con ira?
¿Qué no se muestran muñequitos grotescos, gestos feos,
ni desfasados lemas gritados por obreros?
La respuesta es indudable:

LAS DOS: ¡Sí, lo hemos notado!

BIBIANA: *(Normal)* Y ese "sí", ¿qué significa? Pues ante todo dos cosas:
(Rapeando) Que la convivencia ciudadana se mejora y dignifica
y que la libertad de expresión se intensifica.
Dices que manifestarte te libera pero
¿qué pasa si sólo quieres mirar desde la acera?
La libertad de expresión es una fiesta
y no una imposición que te agrede y te molesta.
Desde Global Manifiesta marcamos esas líneas,
trazamos el camino, mostramos la verdad.
Lideramos las ideas sin perder la libertad.

SOLEDAD: Manifestarse es un derecho incuestionable
pero no tiene por qué ser desagradable.

LAS DOS: Esto no hay que olvidarlo, Assumpta.

BIBIANA: La libertad de expresión es la universal divisa. No sólo sirve a la gente que se dice insumisa.

SOLEDAD: Somos un servicio de persona a persona. Seas como seas: un ratón o una leona.

LAS DOS: Esto no hay que olvidarlo, Assumpta.
Esto no hay que olvidarlo, Assumpta.
Esto no hay que olvidarlo, Assumpta.

Tras el rap, se sientan y hablan mirando directamente al público. La luz se centra en ellas.

SOLEDAD: Y es que el ser humano ha sido creado para ser feliz, para convivir en armonía. De ahí el nombre de nuestra empresa: Global Mani-Fiesta, es decir, todas las personas que necesitemos manifestarnos podemos convertir esos momentos en una fiesta. No hay que sufrir, como le pasó a Bibiana por su incidente con la cisterna, como les pasaba a tantas personas a las que yo atendí mientras trabajaba en la aseguradora.

BIBIANA: Convertir la indignación en dignidad, esa es nuestra meta. Y para ello nos ponemos al servicio del público, de todos ustedes. A la mayoría nos ha pasado -a Soledad y a mí también- que estando disfrutando de un momento de tranquilidad en cualquier terraza de los tantos bares que hay en nuestro país, una manifestación en alguna calle cercana, que se suponía debería transcurrir de manera pacífica, se descontrole y llegue hasta donde estamos, convirtiéndose en un peligro, en una amenaza para esos momentos que iban a ser un oasis de paz para nosotros y nuestros seres queridos.

SOLEDAD: Hay líneas que no se pueden cruzar, porque nos hacen perder la fuerza, la razón de nuestras propias ideas. No podemos invadir la vida de los demás para mostrarles nuestros argumentos, exigirles que nos escuchen si ellos están en otra cosa. Para eso están los escaparates. Si paseamos por la calle y queremos mirar un escaparate, nos paramos y lo hacemos, no hace falta que el escaparate venga y se ponga delante de nuestras narices y nos haga mirar, queramos a no. Y para eso estamos Bibiana y yo, para que todo transcurra en paz, civilizadamente y, si alguien quiere mirar esa manifestación, lo pueda hacer con total libertad y sin imposiciones. Como dice la canción: Si me dan elegir entre tú y mis ideas, me quedo contigo.

El público aplaude. Se escuchan algunos bravos. Se restablece la luz general.

ASSUMPTA: Magníficos argumentos, sin duda. Algo que también parece opinar el numeroso público que hoy nos acompaña. Pero, ¿cómo se consigue algo así? ¿Cuál es el funcionamiento de Global Manifiesta?

Las dos mujeres hablarán con total tranquilidad, como si la escena anterior no se hubiera producido.

BIBIANA: Pues como cualquier otra empresa de servicios: recibimos la solicitud de manifestación, consultamos nuestro calendario de operaciones y pactamos un día para celebrarla. Luego hablamos de las necesidades a cubrir; si hay que elaborar pancartas, crear slogans, utilizar algún tipo de música, si hay que alquilar autobuses y si desean algún servicio de catering al finalizar la manifestación y, naturalmente, tras acordar los términos en los que transcurrirá todo, se firma un compromiso de total aceptación de los mismos, ¿me dejo algo Soledad?

SOLEDAD: También cubrimos todo lo que tenga que ver con megafonía, sonido, iluminación y, por supuesto, nos encargamos de todos los trámites administrativos necesarios para conseguir los permisos de manifestación. También, y esto es una novedad que implantaremos en nuestro próximo evento... ¿te parece bien que lo comente ya, Bibi...Bibiana?

BIBIANA: ¿Te refieres a...? *(Hace un gesto como de animar a una multitud)*

SOLEDAD: *(Riendo)* Sí.

BIBIANA: Por supuesto.

SOLEDAD: Pues acabamos de cerrar la contratación de actores y actrices, tras un completísimo casting, para que hagan de animadores en las manifestaciones que así nos lo soliciten.

ASSUMPTA: Es una gran idea que, además, ayudará mucho en un sector donde el trabajo no brilla por su buen estado de salud, precisamente. Bravo, bravo.

Aplausos.

ASSUMPTA: Ahora la pregunta incómoda, pero absolutamente necesaria: ¿cuánto cuesta todo esto?

SOLEDAD: Aquí sólo podemos hablar en términos relativos, ya que la oferta dependerá de la demanda. Pero has de tener en cuenta que estamos hablando de una reunión de cientos de personas. Una manifestación no es para treinta o cuarenta personas, partimos de la base de trescientas por lo menos para que resulte un espectáculo llamativo para la ciudadanía.

BIBIANA: Eso es. Y a repartir entre ese número de gente, como comprenderás, Assumpta, no es un desembolso disparatado para lo que se ofrece, ni muchísimo menos.

ASSUMPTA: De acuerdo: dependiendo del número de personas implicadas, como el coste se reparte, así será más o menos el precio por persona.

BIBIANA: Exacto, pero teniendo en cuenta que para que el evento resulte rentable a todas las partes, el número de manifestantes ha de ser significativo. El montante final dependerá ya de los servicios que nos soliciten.

SOLEDAD: En este tema, la experiencia de Bibiana resulta fundamental. Aquí donde ustedes la ven, ha organizado eventos para auténticas personalidades, desde Julio Iglesias hasta el Papa Francisco, ¡así que tiene una gran experiencia en cuanto a diversidad de necesidades!

Risas.

ASSUMPTA: *(Riendo)* ¡Vaya, eso es incuestionable, sí! Pero hablando de diversidad, se me ocurre una interesante pregunta: ¿tiene Global Manifiesta algunas líneas rojas para aceptar solicitudes? O dicho de otra manera, en cuanto a contenido, ¿qué manifestaciones no organizaríais de ninguna manera?

SOLEDAD: Pues, por supuesto, nada que tenga que ver con manifestaciones de odio, tanto a personas como a colectivos, y tampoco vamos a trabajar con los extremismos, ya sean de derechas o de izquierdas.

ASSUMPTA: ¿Te estás refiriendo a partidos políticos?

BIBIANA: *(Reprimiéndose)* No, Assumpta, no, no nos estamos refiriendo a partidos políticos. Hoy por hoy, los partidos tienen su propia forma de hacer las cosas y no nos vamos a meter en ello. Nuestra vocación es de servicio público.

ASSUMPTA: Tú lo has dicho, Bibiana: hoy por hoy. Pero una empresa como la vuestra, puede resultar muy atractiva para el poder.

Bibiana va a decir algo, pero Soledad la corta.

SOLEDAD: *(Con una sonrisa beatífica)* El poder pertenece al pueblo, Assumpta, y si llegara un día en el que los partidos políticos así lo entendieran, ¿qué tendría de malo colaborar con ellos para dejar que el pueblo soberano ejerza ese poder?

Aplausos.

ASSUMPTA: *(Con lo suyo)* Y creo que ese momento no está lejos, dada la enorme proyección que Global Manifiesta está ejerciendo en nuestra ciudadanía.

Soledad y Bibiana miran significativamente a Assumpta. Mientras habla, ellas harán comentarios entre sí, molestas, pero tratando en todo momento de no dejar de sonreir.

ASSUMPTA: Y hasta aquí nuestro apasionante programa de hoy, con las empresarias de moda, las flamantes ganadoras del prestigioso Magnificent Business Career 2018 que por primera vez se ha concedido a dos mujeres, rompiendo así el techo de cristal al que parecían estar condenado el género femenino en el mundo de los negocios de nuestro país. Gracias Soledad Castro y Ponce de León y Bibiana Izaguirre Peláez. Gracias, por tanto, de corazón. Estoy segura de que nos volveremos a ver.

BIBIANA: *(Entre seca y amenazante)* Cuando tú quieras, Assumpta Castell.

SOLEDAD: *(Rápida)* Muchas gracias a ti y a tu audiencia. Ha sido un placer.

ASSUMPTA: Y a ustedes, nuestros fieles espectadores de "Sólo las Valientes", les esperamos en el próximo programa para contarles más historias apasionantes sobre mujeres que están cambiando la historia de nuestro país. Que tengan una maravillosa semana.

Aplausos. Bibiana y Soledad los agradecen. Cambia la luz a un tono más cotidiano. Las mujeres se levantan. Un arrebato se apodera de Bibiana, que se dirige rápidamente a un lateral del escenario. A lo largo de toda la escena, las mujeres irán poniendo su despacho en orden.

SOLEDAD: *(Alarmada)* ¡Bibita, Bibita! ¿Se puede saber a dónde vas?

BIBIANA: *(Parando en seco)* ¿A dónde voy? ¿A dónde

voy, Solete? ¡Pues a partirle la cara a esa gilipollas de la Assumpta Castell de los cojones!

SOLEDAD: *(Yendo hacia ella con una sonrisa)* ¡Esa boca, Bibita, esa boca! ¿Y no sería mejor hablarlo?

BIBIANA: Pues igual, sí, pero después de calzarle dos hostias.

Amaga con irse de nuevo, pero Soledad la detiene con mucho cariño.

SOLEDAD: Desde luego, doña Bibiana Izaguirre Peláez, para ser usted una empresaria de éxito, eres más bruta que larga. ¡Déjala hacer, cariño mío! No es nadie, Assumpta no es nadie. No sabe de lo que habla.

BIBIANA: Es una trepa, Solete, no la aguanto. Es tan mediocre que sólo sabe crear polémica, por si le cae algo del cielo.

SOLEDAD: Y le caerá, pero nada bueno... Tiempo al tiempo.

BIBIANA: Tiempo al tiempo sí... Lo que es cierto es que yo no soy una persona que olvide fácilmente. Arrieritos somos.

SOLEDAD: No te hagas mala sangre. A ella, como a tantas otras personas, la tenemos donde queremos, ¿o no?

BIBIANA: Sí, pero que no vaya de diva porque periodistas como Assumpta las hay a patadas. Es una cuestión de modas.

SOLEDAD: Y da la casualidad de que es ella la que está de moda en este momento.

BIBIANA: Sí, aunque me joda reconocerlo. Perdón... *(Cambiando de tono)* Ha ido muy bien el programa, ¿no crees?... ¡A pesar de las imbecilidades de esa hija de puta!

SOLEDAD: ¿Vas a seguir, Bibita? Déjalo ya. ¡Si el público nos adora!

BIBIANA: *(Cogiéndole las manos)* Sobre todo a ti, y no es para menos.

SOLEDAD: A las dos, tonta. ¿No has visto cómo nos han aplaudido? ¿Cómo nos han reído las gracias?

BIBIANA: Sí, han sido muy buen público, la verdad. *(Divertida)* Por cierto, me he dado cuenta de que has estado a punto de llamarme Bibita unas cuantas veces.

SOLEDAD: *(Riendo)* ¡Ay, sí, por Dios! Espero que la gente no lo haya notado.

BIBIANA: La gente me da igual. Yo sí lo he notado y casi se me derrite el corazón, Solete, mi Solete…

Se besan dulcemente. Luego, se abrazan.

SOLEDAD: Si me dan a elegir…

BIBIANA: … me quedo contigo.

La luz baja mientras ellas siguen fundidas en un abrazo. Comienza a sonar una música bailable llena de energía y optimismo.

ESCENA 2

Sigue la música. En la pantalla se proyecta la imagen promocional de Global Manifiesta y, tras ella, un vídeo en el que se refleja que han recibido el premio Magnificent Business Career en cuatro ocasiones diferentes.

Vuelven a escena convertidas en quienes son en la actualidad.

Continúan bailando, plenas de alegría y complicidad hasta que suena el teléfono. Soledad lo coge y habla, aunque no escuchamos bien lo que dice. Hace el gesto de que baje la música. Esta pierde intensidad hasta desaparecer junto con el vídeo.

SOLEDAD: No te oigo, Ramón, no sé lo que me dices... ¡qué no te entiendo ni jota!... ¡Pues te vas a un sitio donde no haya tanto ruido y me vuelves a llamar! Venga, venga hasta ahora.

BIBIANA: ¿Qué le pasa ahora a Ramón?

SOLEDAD: Y yo qué sé, chica. Había un follón de campeonato y no he entendido nada de lo que me decía.

BIBIANA: Claro que hay jaleo, está en un almacén y a esta hora salen todos los camiones.

SOLEDAD: Parece mentira: con lo listo que es y siempre se ahoga en un vaso de agua.

BIBIANA: *(Con sorna)* Es que Ramón no puede dar un paso sin ti. Tiene una dependencia de aúpa, guapetona...

SOLEDAD: *(Conteniendo una sonrisa)* No es dependencia, es lealtad y entrega al trabajo.

BIBIANA: *(Igual)* No te digo yo que no, pero si tú quisieras

SOLEDAD: *(Igual)* ¡No empieces, Bibita! Deja en paz al

pobre Ramón.

BIBIANA: *(Igual)* Pobre leal y entregado Ramón... y si tú quisieras, Solete...

SOLEDAD: *(Rompiendo a reír)* ¡Pero no quiero, cariño mío! Y déjalo ya que me pones muy nerviosa.

BIBIANA: Lo dejo, lo dejo... ¡castigadora! ¿Y cuándo te ha dicho que volvería a llamar?

SOLEDAD: En cuanto pudiera, yo qué sé, en un rato.

BIBIANA: Me conozco yo los ratos de Ramón. Espero que no haya tenido problemas con la entrega.

SOLEDAD: ¿Qué problemas puede tener? Se trata de cargar cajas, muchas cajas, eso sí, llenas de pañuelos con un logo impreso, muy, muy sencillo. Un logo con el que vamos a dar en las narices a todos aquellos que protestaban por nuestros triunfos.

BIBIANA: Después de esto, Solete, nadie va a poder protestar sin nuestro permiso. ¿Quién les va a toser a las empresarias encargadas de celebrar?...

AMBAS: ¡El Primero de Mayo 2025! ¡La fiesta de la clase obrera!

SOLEDAD: Y en una semana cita con presidencia. Vamos a conseguir la exclusiva nacional, ya nos lo adelantó Pedro.

BIBIANA: Nadie, Solete, nadie va a poder tomar las calles de este país si no es bajo las reglas de Global Manifiesta. Somos las madres de la democracia, como dijo Isabel.

SOLEDAD: ¿Isabel...Isabel?

BIBIANA: Sí, Isabel Isabel, la nuestra, la de aquí.

SOLEDAD: Pues no me acuerdo.

BIBIANA: Es que dice muchas cosas, ya sabes, pero entre tontería y tontería, algo cae. Después de la celebración de la Marea Pensionista en Madrid, hace tres años, dijo: "El desarrollo ejemplar de esta marcha nos demuestra que los mayores tienen mucho que decir, y su altavoz es Global Manifiesta, con dos mujeres llevando el timón de su empresa como auténticas madres de la democracia".

SOLEDAD: Pues no me acuerdo, pero le pega mucho. De todas formas ya sabes que yo, con Isabel, me desenchufo cuando empieza con el parloteo.

BIBIANA: Pues no deberías, mi amor, porque a esta gente hay que escucharla siempre, siempre. Para bien o para mal, nunca se sabe por dónde van a salir. Y conviene recordarles que ahora están de nuestra parte.

SOLEDAD: Bueno, cariño, para eso estás tú, que eres como una hemeroteca con patas.

BIBIANA: ¡Coño, Solete, qué cosas más bonitas me dices, joder!

SOLEDAD: ¡Esa boquita!

BIBIANA: *(Acercándose a Soledad, juguetona)* ¿Qué le pasa a esta boquita?

Antes de que la cosa llegue a mayores, vuelven a llamar por teléfono.

BIBIANA: *(Lo coge)* ¡Sí! ¡Hombre, Ramón! ¿Tienes ya cargado todo? Vale…vale… vale… pues tú te dejas de líos y te vas al polígono echando virutas, que vamos muy justos de fechas. Sí…sí… qué si, Ramón, qué sí, qué lo que tú quieras, pero no va con nosotros. Sales ahora mismo y nos llamas cuando termines. Hala, tirando millas. Adiós, adiós.

SOLEDAD: ¿Pasa algo?

BIBIANA: ¡Qué va a pasar! Damián, que andará a voces, como siempre. Se organiza fatal y luego todo son gritos en esa empresa. Ya le he dicho a Ramón que no es nuestro problema.

SOLEDAD: Bueno, un poco sí. Me imagino que sus trabajadores, los de Damián, digo, irán al Primero de Mayo. *(Como si nada)* ¿Te apetece un té?

BIBIANA: Sí, gracias.

Bibiana, pensativa, se sienta. Mientras, Soledad prepara el té.

BIBIANA: ¿Y tú crees que estará mosqueado con nosotras?

SOLEDAD: ¿Quién, Damián? Quita mujer, con la cantidad de pasta que está ganado con Global Manifiesta. Además, él ya sabe que es lo mejor que le puede pasar. Ya me ha dicho que piensa ir a la manifestación con la plantilla al completo. Volverán todos al trabajo con la moral altísima, con ganas de sacar adelante su trabajo. *(Soñadora)* Se habrán hecho escuchar, habrán estado presentes en las conquistas obreras de este país. Algunos por primera vez en su vida. *(Trae los tés y se sienta al lado de Bibiana. Emocionada)* Estamos haciendo una labor maravillosa, Bibita. Estamos cambiando la vida de las personas, construyendo un futuro mejor. Cuando estaba en atención al cliente, en la aseguradora, siempre tenía ganas de llorar, porque pensaba: ¿qué va a pasar con toda esta gente? ¿Nunca van a ser atendidas sus protestas? ¿Sólo yo estoy dispuesta a escucharlas y a tratar de ayudarlas? Pero yo no era nadie, Bibita, nadie. Simplemente el muro contra el que debían golpearse las vidas de las personas que llamaban a la dichosa atención al cliente...

BIBIANA: Bueno, a mí me resolviste el problema.

SOLEDAD: Me enamoré de tu voz y me dije: ¡esta sí que no se me escapa!

Ambas sonríen y se mantienen un instante en silencio, bebiendo sus tés.

BIBIANA: Nos han herido, Solete, durante años. Yo estuve envuelta en una falsa felicidad que no llegaba a tocarme nunca de verdad, ni a rozarme siquiera. Pero no me daba cuenta porque creía que formaba parte de ella. Hasta que llegó la traición, la puñalada trapera. El alto standing no necesita cincuentonas que le organicen la vida. No quedan bien en la foto. Me jodieron el presente, sí, pero también el pasado. Mi historia acabó mal y cada vez que pienso en esos años lo hago con amargura. Me quitaron la nostalgia y me dejaron el rencor. *(Pausa)* Pero donde las dan, las toman: tus ganas de llorar y mi puñalada de ingratitud han creado Global Manifiesta.

SOLEDAD: Que es martillo de herejes, azote de malvados, capa en la que se cobijan los más desamparados. Dios está con nosotras, Bibita. Ya sé que esto te hace reír, pero lo siento en lo más hondo de mi corazón.

BIBIANA: No me río, cariño.

SOLEDAD: Sí que lo haces, para hacerme rabiar, pero no me importa. Dios sabe que estamos haciendo un gran trabajo. Piensa en el próximo Primero de Mayo, todos con sus pañuelos al cuello, con sus preciosas pancartas, con sus alegres canciones, avanzando hacia Cibeles.

Ambas se ponen de pie. Suena al fondo la internacional. Se proyecta un vídeo en el que sucederá lo que ellas van relatando. Las personas que aparecen en el vídeo están felices y son guapas.

BIBIANA: Tu columna, la que viene desde Nuevos Ministerios.

SOLEDAD: La tuya, avanzando desde la Glorieta de Atocha.

BIBIANA: Y en Cibeles, nuestras fuerzas se unen, se alían en un sólo canto de felicidad, de orgullo obrero, de sana reivindicación.

SOLEDAD: Va a ser hermoso, muy hermoso.

BIBIANA: Los parias de la tierra.

SOLEDAD: La famélica legión.

BIBIANA: Como una gran familia organizada y feliz.

SOLEDAD: Y luego, en el Retiro, agrupémonos todos en la barbacoa final.

BIBIANA: La guinda, Solete, la guinda de nuestro pastel. ¡Qué gran idea ha sido la de la barbacoa!

SOLEDAD: ¡Sublime, sí!

Bailan un agarrao con la música de la internacional mientras el vídeo proyecta la imagen corporativa de Global Manifiesta.

SOLEDAD: Y así, cogidas de la mano, recibiremos nuestro quinto premio Magnificent Business Career a la excelencia empresarial 2025.

Siguen bailando hasta que suena el teléfono. El video cesa repentinamente. Bibiana, que se ha venido arriba, contesta.

BIBIANA: Buenos días, aquí Global Manifiesta, la flamante empresa ganadora de cinco premios Magnificent Business Career a la excelencia empresarial, ¿en qué puedo ayudarle?... ¡Ah, eres tú, Mamen!... No, no me pasa nada... No, aún no sabemos nada oficialmente pero no me negarás que... ¿Se puede saber por qué lloras? ¡Mamen, por Dios, siempre igual! ¿Qué tripa se te ha roto? Pues lo resuelves, que no podemos estar siempre nosotras detrás de...

Soledad interrumpe a Bibiana y le pide el teléfono.

SOLEDAD: Mamen, soy yo... Nada, hija, es que está muy nerviosa por lo del premio. Ya... ya, pero no llores que no te entiendo. Cálmate y me explicas... ¿Ramón? Pues estará al caer, mujer, no creo que haya pasado nada... Bueno, pues si te salta el buzón de voz será porque está en ruta y no lo puede coger. ¿Cinco veces?, pues deja de llamarle ya que le vas a volver loco, Mamen. Sí, sí, sí, ahora le llamo yo... en cuánto sepa algo te lo digo, no te preocupes. Venga, tranquila... sin falta, sí... Adiós, adiós *(Cuelga)*.

BIBIANA: Recuérdame, por favor, por qué tenemos a este par de mastuerzos en plantilla.

SOLEDAD: *(Mientras marca en el teléfono)* Porque Mamen te echó una mano cuándo no sabías que hacer con tu vida y porque Ramón me ha enseñado todo lo que sé de contabilidad. De bien nacidas es ser agradecidas... Nada, el buzón de voz *(cuelga)*.

BIBIANA: Pues será un genio con los números pero no tiene ni dos dedos de frente para irse al arcén y coger el teléfono, coño, que ya van seis llamadas perdidas...

Suena el teléfono.

SOLEDAD: ¡Ramón, ya va siendo hora, hijo, que nos tienes en ascuas!... *(Cambiando totalmente de actitud)* ¡Ah, hola, Assumpta! No, no, qué va, no pasa nada, ya sabes, Madrid y sus atascos y estamos pendientes de... ¿Noticias? No, pero si es de lo que estoy imaginando y sabes algo... Del premio te estoy hablando, de que voy a... *(Bibiana hace gestos de que quiere hablar ella)* Oye, Assumpta, te paso a Bibiana, que yo tengo que hablar con Ramón.

BIBIANA*: (Exageradamente amable)* ¡Assumpta, cariño, qué alegría! ¿Sabéis algo ya en la redacción? Da por hecho que la primera entrevista es para ti. ¿Cómo que lo dudas? Ya sabes que nosotras siempre hemos contado contigo para... ¿Al premio te refieres?... ¡Cómo que no nos van a dar el premio! ¡Pero de qué hablas!... ¡¡Qué liga ni qué liga!!... ¡¡Y yo qué cojones sé quién es... *(Tapa el auricular y le susurra a Soledad)* ¡¡Herminia Poveda!!

Soledad, que ha acusado el impacto del nombre pero parece mantener la calma, le quita el teléfono.

SOLEDAD: Sí, Assumpta, nos acordamos perfectamente de

Herminia Poveda. Como seguramente se acordará Isabel de cuando nos dijo que éramos... *(hace gestos a Bibiana para que le recuerde lo que dijo Isabel)*

BIBIANA: *(En voz baja)* Dos mujeres llevando el timón de su empresa como auténticas madres de la democracia

SOLEDAD: "Dos mujeres llevando el timón de su empresa como auténticas madres de la democracia". Y eso fue después de traer a Madrid la Marea Pensionista. Así que no sé a qué viene... No, no creo que vaya a cambiar de opinión, Isabel no es de esas. Assumpta, ten mucho cuidado con nosotras, te recuerdo que estamos en conversaciones con presidencia para... ¿la televisión? ¿Pero a qué viene ahora qué...? ¿Assumpta? ¿Assumpta?... Me ha colgado.

BIBIANA: ¿Se ha atrevido a colgarte a ti? ¿A ti? Me va a oír, la pija esta de los... *(va a por el teléfono)*

SOLEDAD: *(Se lo impide. Está muy seria, muy quieta)* Bibita, pon la tele.

BIBIANA: ¿Qué?

SOLEDAD: Pon la tele, por favor. Assumpta ha dicho que era muy importante que viéramos la tele.

BIBIANA: Pero cariño, no entiendo qué...

SOLEDAD: Pon la tele, amor mío... tengo un mal pálpito.

BIBIANA: *(Alarmada por Soledad)* Sí, ahora mismo, pero siéntate aquí conmigo.

Soledad lo hace. Se cogen de la mano. Vídeo de la entrevista de Assumpta Castell a Michi Poveda. Es un directo para el programa de tv: "La Castell, sin cesuras". A Assumpta se la verá siempre de espaldas.

ASSUMPTA: Numerosas personas se han reunido ante las puertas del almacén mayorista Damper Logistic, de Madrid, propiedad del empresario Damián Pérez. Según afirman, su intención es hacer pública la admisión a trámite de una querella criminal en el juzgado número 50 de Madrid, contra la conocidísima empresa Global Manifiesta. La querella se presenta por la responsabilidad de dicha empresa en la muerte de Herminia Poveda durante su participación en la Marea Pensionista de 2022, y ha sido interpuesta por la Liga Herminia Poveda. Michi Poveda, nieto de Herminia es su representante. Michi, tienes la palabra, sin censuras.

MICHI: Gracias, Assumpta. Estamos aquí y ahora, porque dentro de unos minutos va a salir un camión de Global Manifiesta con material para la manifestación del Primero de Mayo. Es un disparate que hay que parar, porque unas delincuentes se están apoderando de nuestra voz y de nuestros derechos. Unas mujeres que hablan de servicio público pero que sólo buscan su propio beneficio, y que causaron la muerte de mi abuela, Herminia Poveda.

ASSUMPTA: Le ruego, por favor, señor Poveda, que no use esa forma de hablar o tendré que parar esta entrevista. Está acusando a unas personas de un presunto delito, y muy grave. Un delito por el que ni siquiera han sido citadas en un juzgado.

MICHI: No, pero lo serán. Han sido muchos días de perseguir la verdad, pero por fin tenemos pruebas definitivas de que la muerte de mi abuela se debió a una negligencia que tanto Bibiana Izaguirre como Soledad Castro han escondido durante años. Y hay personas en la política municipal y nacional que van a tener que tomar posiciones al respecto y dejar de mirar hacia otro lado.

ASSUMPTA: ¿Está acusando a personajes políticos de ocultar la verdad?

MICHI: Sí, lo estoy haciendo. Yo no soy el criminal, Assumpta, y las pruebas que hemos reunido son tan contundentes que ya nadie va a poder dar la cara por Global Manifiesta sin que se la rompan en un juzgado.

ASSUMPTA: Eso que dice, señor Poveda, es muy grave. Y muy duro.

MICHI: Lo duro es que una mujer como mi abuela, Herminia Poveda, con 72 años, y con el único problema de una leve afección cardiaca, muriese sola en una habitación de hotel y su cadáver fuera traído a la Puerta del Sol para simular su muerte mientras se celebraba la Marea Pensionista. Eso es lo que hicieron estas dos servidoras públicas, las reinas del empresariado español, las que quieren quedarse con nuestro derecho a protestar.

ASSUMPTA: Bueno, sí, esa fue una hipótesis que se manejó en su momento, pero nada de aquello se pudo demostrar. Ni siquiera se abrieron diligencias sobre…

MICHI: *(Interrumpiéndola)* Pues ahora sí se han abierto y se van a acabar las mentiras. Y me vas a perdonar, Assumpta, porque ya he hablado suficiente. *(Mirando a cámara)* Soledad, Bibiana, ahí os va el primer recadito: ¡Este camión, lo vamos a parar! ¡¡Este camión, lo vamos a parar!! ¡¡¡Este camión, lo vamos a parar!!!

Queda congelada la imagen sobre el rostro de Michi Poveda. Las mujeres avanzan hasta el proscenio. Las luces se centran en ellas. Hablan dirigiéndose directamente al público.

SOLEDAD: Ni que decir tiene que el tan codiciado...
BIBIANA: ... y merecidísimo...
SOLEDAD: ...y merecidísimo quinto premio Magnificent Business Career no va a ser para nosotras.
BIBIANA: No, lo que va a llegar a partir de ahora, es una avalancha de pomposas declaraciones.

Bibiana se acerca a la mesa y recoge unos papeles.

SOLEDAD: ¡El "sálvese quien pueda" contra dos mujeres que simplemente son presuntas delincuentes! ¡Qué fuerte!

Vuelve Bibiana con los papeles y ambas los leen.

BIBIANA: Uno: "Mis palabras han sido sacadas de contexto, yo jamás afirmé tales cosas. Con "madres de la democracia", me refería a las mujeres que conformaban la manifestación, no a sus organizadoras. Ni siquiera las conocía personalmente. Me fotografié con ellas como lo hago con cientos de personas".
SOLEDAD: Dos: "Nuestro partido jamás tuvo la intención de reunirse con las empresarias. Esa supuesta relación de la que hablan es un bulo, como tantos otros. Global Manifiesta pertenece a la CEOE, ese es el único contacto que hemos podido tener con las empresarias."
BIBIANA: Tres: "Las diligencias se llevaron, en su momento, con total transparencia. Pero ante las nuevas pruebas presentadas, que nadie dude de que se llegará hasta el

fondo de este asunto, caiga quien caiga, porque en este país, la justicia es la misma para todos."

SOLEDAD: Cuatro: "No se puede alegar el amparo de la libertad de expresión ante los criminales. El gobierno ha reaccionado tarde y mal, como siempre, con la única intención de ocultar su gravísima implicación en estos hechos."

BIBIANA: Cinco: "Jamás dudaremos de los tribunales. Demostrarán que las únicas culpables son Soledad Castro y Ponce de León y Bibiana Izaguirre Peláez. Desde el gobierno no tenemos ningún miedo porque, insisto, nuestra implicación en este asunto es inexistente."

SOLEDAD: Y hay más, pero esta es mi favorita, la joya de la corona: "Yo destapé la trama Global Manifiesta."

Pausa. Dejan de leer.

BIBIANA: En una semana el juicio quedará visto para sentencia. *(Rompe el papel por la mitad)*

SOLEDAD: Pero nosotras estamos muy tranquilas. *(Rompe el papel por la mitad)*

BIBIANA: No hemos hecho nada malo. *(Vuelve a romper el papel)*

SOLEDAD: Nada. *(Vuelve a romper el papel)*

Baja la luz. Entra sonido de ruido blanco.

ESCENA 3

Va subiendo la luz. A la par que ésta lo hace, el sonido va desapareciendo. Soledad camina de un lado a otro del despacho, nerviosa. Bibiana está sentada en una silla, liándose un porro.

SOLEDAD: *(Indignada)* ¡Qué no nos conoce! ¡¡Qué no nos conoce, dice la muy cerda!! ¿Y las fotos que tenemos con ella? ¿Eh? Porque no son una ni dos… Por lo menos debe haber… *(Mirando a Bibiana)* Bibita, ¿te parece este un buen momento para fumarte un porro?

BIBIANA: El mejor, Solete, el mejor. De todos modos, no pensaba fumármelo, sólo me lo estoy liando, me relaja. *(Pensativa)* Me hace pensar en esos días cuando los amigos eran amigos y no traidores.

SOLEDAD: Ya, amigos, sí… Como Pedro, otro que tal baila, que ahora nos traiciona como el Judas que es.

BIBIANA: ¿Cómo nos dijo? Sí, me acuerdo perfectamente: "Soledad, Bibiana, vamos a llevar a nivel nacional el trabajo de Global Manifiesta para que la libertad de expresión esté plenamente garantizada".

SOLEDAD: Y, ahora, tampoco nos conoce. Cuando teníamos hora y día para reunirnos con él.

BIBIANA: Solete, ¿sabes que te digo? Que me voy a fumar el porro, qué coño.

SOLEDAD: ¿En serio, cariño?

BIBIANA: *(Mira el porro y lo mete en su bolsillo)* Va, qué más da. Supongo que en la cárcel podré matarme a drogas.

Soledad se acerca a Bibiana y se arrodilla a sus pies.

SOLEDAD: ¡No hables así! ¡No hables así ni en broma! No pueden condenarnos porque no hemos hecho nada malo. Si movimos el cadáver fue para que Herminia pudiera estar con los suyos, para conquistar aquello por lo que había venido a luchar.

Bibiana le acaricia la cabeza, dulcemente.

BIBIANA: Díselo al gran Michi Poveda, a ese héroe juvenil que ahora nos pide una millonada de indemnización. Eso no es amor por su abuela, eso es avaricia pura y dura.
SOLEDAD: Dice que lo va a donar todo a la Liga Herminia Poveda.

Pausa. Las dos están pensativas.

BIBIANA: ¿Te has dado cuenta de que las siglas de Liga-Herminia-Poveda, son las mismas que las de Los-Hijos-de- Puta?
SOLEDAD: Sí, desde el primer minuto.

Tras una brevísima pausa, las dos rompen a reír. Es una de esas risas terapéuticas, necesarias. Extrañas. Suena el teléfono.

LAS DOS: ¿¿Ramóóóón??

Vuelve el ataque de risa. Bibiana, un poco más calmada, lo coge.

BIBIANA: *(Con la respiración entrecortada)* ¿Dígame? ¡Ramón, por Dios!... No, es que he venido corriendo a coger el teléfono. Espera un momento. *(Tapa el auricular. A Soledad, que sigue riendo)* Para, Soledad, para, que es Ramón.

SOLEDAD: *(Calmándose poco a poco)* Ay, sí, sí... ya paro... porque la verdad, no sé de qué me río tal y cómo anda el panorama...

Soledad se acerca al teléfono para escuchar la llamada. Bibiana destapa el auricular. Se irán pasando el teléfono la una a la otra.

BIBIANA: Ramón, no deberías llamarnos, ya lo sabes... ¿Que Mamen está contigo?... Muy bien, muy bien, me alegro mucho, así os hacéis compañía.

SOLEDAD: ¿Cómo estáis, Ramón? Ya me imagino, ya... Por favor, dile a Mamen que dejé de llorar... Nosotras estamos bien, confiadas. No hemos hecho nada malo... ¿Vosotros? ¿Y qué más vais a hacer?

BIBIANA: Mira, Ramón, no tenéis que buscaros más problemas. Lo hicisteis muy bien en el tribunal. Dijisteis lo que había que decir: que no os acordabais de nada. Punto.

SOLEDAD: ... Pues sería la primera vez que eso no se tiene en cuenta en un juicio... claro, claro, por eso te lo digo... ¿Mamen? Sí, claro, que se ponga...

BIBIANA: Mamen, querida, ¿cómo estás? Oye, estuviste estupenda cuando dijiste lo de la cortina de humo... Pero no llores, mujer, que no te entiendo nada... No, no, no, ni hablar, por aquí no podéis pasaros ni tú ni Ramón. Pues porque no, Mamen. Ni siquiera deberíamos estar hablando por teléfono.

SOLEDAD: Aunque es una maravilla oíros de nuevo, como en los viejos tiempos… No llores, por favor… Anda, bonita, dile a Ramón que se ponga… Ramón, cuida mucho de Mamen, que ya sabes cómo es…

BIBIANA: Y hasta que no salga la sentencia no podemos volver a hablar, lo entiendes, ¿verdad? Pues claro que sí, lo vamos a celebrar por todo lo alto.

SOLEDAD: ¡Por todo lo alto, chicos! Adiós, adiós, hasta muy pronto.

BIBIANA: Adiós.

Pausa. El ambiente se ha entristecido.

BIBIANA: Pobres. No sé qué va a ser de ellos si todo esto sale mal. Dos inútiles de tal calibre, y con sus años, no van a encontrar trabajo ni picando piedra.

SOLEDAD: A nosotras nos han servido bien, no seas mala, Bibita. Pero, ¿sabes lo que te digo? Que tienes razón. ¡Qué se busquen la vida!

BIBIANA: ¿No quedamos en que es de bien nacidas ser agradecidas?

SOLEDAD: ¿Qué?

BIBIANA: Tú lo dijiste, no yo. Que teníamos que estar agradecidas a Ramón y a Mamen por su ayuda.

SOLEDAD: Ya, ya, y así es. Pero mira, llevamos muchos años devolviéndoles el favor. Ya está bien. Bastantes preocupaciones tenemos encima. No somos sus madres.

BIBIANA: No... nosotras sólo somos madres de la democracia. Una verdad dicha por una víbora, pero una verdad ¡Por qué eso es lo que somos, Solete! ¡Hasta muerta estamos alzando a los altares a Herminia Poveda! Si eso no es pasión por el servicio público, no sé qué otra cosa puede ser. ¿Hubiera sido mejor avisar de su muerte en una triste habitación de hotel? ¿Dejarla sin su manifestación, cuando ya estaba en Madrid?

SOLEDAD: Desde luego, cuando pasó lo que pasó, nadie puso el grito en el cielo. A todo el mundo, a todas estas personas que ahora dicen no conocernos, les pareció de lo más correcto.

BIBIANA: Porque lo fue, Solete. Lo fue. Si no avisamos a un médico fue porque sus ojos nos decían: quiero morir en la Puerta del Sol, junto a mis camaradas.

SOLEDAD: Se iba a morir igual. ¡Pero nosotras cumplimos su voluntad! La pobre debe estar removiéndose en su tumba. Vaya nieto que le ha salido. Un sinvergüenza dispuesto a quitarle la gloria de sus últimos momentos. Prefiere que su abuela pase a la historia como la mujer que se murió en un hotel, en lugar de ser la mujer que murió por defender sus derechos. ¡Pobre Herminia, no se lo merece!

BIBIANA: ¿Llegaste a conocerla?

SOLEDAD: ¿Yo? qué va, ¿y tú?

BIBIANA: Hasta después de muerta, no.

Pausa.

SOLEDAD: Da igual, no se merece lo que le están haciendo.

BIBIANA: Por supuesto que no.

SOLEDAD: Y la vida parece que va de eso, ¿eh, Bibita?: de que te devuelvan mal por bien. Y no me quejo. Ya conocía bien al ser humano cuando nos metimos en la aventura de Global Manifiesta. Cuando estaba en atención al cliente, en la aseguradora, sabía que la persona a la que estaba ayudando podía revolverse contra mí en cualquier momento y lanzarme un zarpazo de esos que te hieren hasta el alma. Pero, aun así, mantuve la fe y la mantuve por amor. Así de simple. Lo que hicimos con Herminia fue un acto de amor, Bibita. ¿Es tan difícil de entender?

BIBIANA: Somos unas románticas, amor mío. El mundo, seguramente, nunca ha dejado de ser tan rancio y tan vulgar como lo vemos ahora. Sólo que, mientras hacíamos magia, se nos olvidó.

SOLEDAD: No nos merecen. ¡Qué se vayan a la mierda, coño!

BIBIANA: *(Sorprendida)* ¡Esa boquita, Solete!

SOLEDAD: *(Burlona)* Ya ves: todo se pega menos la hermosura.

BIBIANA: *(Cariñosa)* Eso no es verdad. Tu hermosura se me pegó desde el primer minuto en el que te conocí.

SOLEDAD: *(Coqueta)* Pero si sólo escuchaste mi voz.

BIBIANA: Pero ya sabía que pertenecía a la mujer más maravillosa del mundo. A la mujer de mi vida. Ven aquí, cariño. *(Soledad se acerca a Bibiana que le coge las manos. Pausa. Muy seria)* Sabes que no vamos a ganar, ¿verdad? Sabes que nos van a condenar y que vamos a ir a la cárcel, que nadie de los que nos apoyaron van a estar a nuestro lado.

SOLEDAD: *(Mirando intensamente a Bibiana)* Lo sé. Necesitan que caigamos para salvarse ellos.

BIBIANA: Y vamos a caer porque así se escribe la historia. *(Pausa)* Prefiero morir a ver cómo te humillan, Solete.

SOLEDAD: Prefiero morir a ver cómo te humillan, Bibita. *(Pausa)* ¡Muramos, pues!

BIBIANA: Si me dan a elegir...

SOLEDAD: ...me quedo contigo.

Se funden en un abrazo que parece darles aire y vitalidad. Soledad se separa lentamente del abrazo. Toma un par de bocanadas de aire.

SOLEDAD: Que Dios me perdone porque sé que el suicidio es un pecado mortal, un escándalo para el cristianismo, pero citando el Levítico 3-16: "Si esto es escandaloso, es más vergonzoso no saber amar"

BIBIANA: *(Divertida)* ¡Te lo acabas de inventar!

SOLEDAD: Pues, claro. No es del Levítico, es de una canción de Lola Flores.

BIBIANA: ¿Ya no crees que Dios esté de nuestro lado?

SOLEDAD: Dios está del lado de las mártires, siempre. Totalmente. Me quedo con Dios y paso de las personas, paso de Ramón y Mamen, paso de Isabel y Pedro y paso de Damián Pérez.

BIBIANA: Y yo paso de la familia Poveda al completo, con el Michi a la cabeza, y paso de "La Castell, sin censuras".

SOLEDAD: ¡La cerda de la Castell, sí!... Pasemos también de ella. Lo único que quiero ahora es que nos vayamos por todo lo alto. Esta vez la puñalada se la vamos a dar nosotras, Bibita. ¿Quieren castigarnos injustamente? Pues se van a quedar con un palmo de narices.

BIBIANA: Y Los-Hijosde-Puta de la Liga-Herminia-Poveda no van a ver un euro de nuestro patrimonio. Ya verás que carita se le queda al héroe juvenil, al sopas de leche del Michi Poveda.

SOLEDAD: Va a ser glorioso cuando se entere de que toda la pasta de Global Manifiesta está donada a un vivero de plantas ornamentales.

BIBIANA: Los únicos seres vivos que devuelven bien por bien. Saben cómo agradecer que las cuides: ¡el futuro está en las plantas!

SOLEDAD: ¡El futuro está en las plantas y el amor está en el aire! Ya sé cómo nos vamos a morir, mi amor.

BIBIANA: Estoy a tus órdenes, Solete.

SOLEDAD: Nos vamos a vestir como cuando nos vimos por primera vez. ¡Vamos a beber, vamos a reír, vamos a bailar!

BIBIANA: ¡Y vamos a drogarnos hasta reventar! ¡Qué suene esa música!

A una señal de Bibiana, la música comienza. Se miran con enorme intensidad. Bailan. Baja un instante la música.

SOLEDAD: Enciende ese porro, Bibita.

La música vuelve a subir. Bibiana coge el porro de su bolsillo y se lo pone en los labios a Soledad. Continúan bailando, mientras, lentamente, la luz va bajando.

ESCENA 4

La música no ha cesado. Se proyecta un vídeo con evidencias de que ambas mujeres llevan ya un rato consumiendo drogas y alcohol.

Soledad y Bibiana vuelven a escena con el mismo atuendo con el que se conocieron. A la vista del público colocan en escena todo lo necesario para su juerga final, al ritmo de la canción. Cuando el escenario esté dispuesto, cesarán la música y el vídeo. A lo largo de toda la escena estarán cada vez más afectadas por el alcohol y las drogas, que no dejan de ingerir. Esto conlleva que se alternarán momentos de actividad febril, con otros de calma chicha.

BIBIANA: *(Riendo)* Solete, mi amor, no las mastiques que son pastillas, no Conguitos de colores.

SOLEDAD: Si es que son iguales, iguales... no puedo evitarlo. No saben tan ricas pero, ¡uauuuuuhhhhh! *(Bebe de una botella)* Y, ¿de dónde has sacado esta maravilla, sinvergüenza?

BIBIANA: Parte, del botiquín de Mamen. Es lo bueno de tener en plantilla a una mujer tan, tan triste. Y otra parte, de la farmacia secreta de Global Manifiesta.

SOLEDAD: *(Divertidamente escandalizada)* ¡Bibita, no me confesarás, a estas alturas, que drogabas a la gente para que fuera alegre a las manifestaciones!

BIBIANA: ¡No mujer! Las tenía ahí... por si acaso.

SOLEDAD: Por si las moscas, sí... Espero que no estén caducadas... o casi sí, mejor *(se mete un par en la boca y las mastica)* Oye... y hablando de moscas cojoneras...

(Divertida por su propia ocurrencia) ¡¿A qué no hay narices para llamar a la Castell?!

BIBIANA: Yo no pienso compartir mis drogas con la cerda de la Castell, mi amor.

SOLEDAD: ¡No, no, para que nos conceda una entrevista! ¡¡En exclusiva!! Y cuando venga, nos encuentra aquí, más secas que la mojama. ¿Eh? ¿Eh? ¿Tenemos lo que hay que tener para llamar a la Castell?

BIBIANA: *(Después de beberse un buen trago)* ¡Lo tenemos! ¡Vaya si tenemos lo que hay que tener para llamar a la Castell! *(Imitándola)* "La Castell, sin censuras, le muestra a su distinguida audiencia, en exclusiva… ¡¡cómo me la han metido por todo el bebe!!".

Las dos rien.

SOLEDAD: Vale, pues luego la llamamos.

BIBIANA: Luego la llamamos. Ahora, vamos a disfrutar de la vida que nos queda.

Brindan y beben.

SOLEDAD: ¿Sabes lo que pensé la primera vez que te vi? Desde lejos y así, vestida de china.

BIBIANA: ¿Qué yo era la mujer más sofisticada que habías visto en tu vida?

SOLEDAD: Bueno, sí, pero eso fue luego. Al principio pensé: Soledad echa a correr, no te acerques, esa mujer no es cómo tú pensabas.

BIBIANA: Pero te acercaste.

SOLEDAD: Sí. Con más miedo que vergüenza, que ya es decir. Me vi a mí misma, con este vestido... estuve horas decidiendo que ponerme.

BIBIANA: Con el calor que hacía ese día.

SOLEDAD: Sí.

BIBIANA: Y agarrada a tu bolso pasado de moda.

SOLEDAD: Sí.

BIBIANA: Absolutamente diferente al resto de las mujeres con las que yo hubiera estado nunca.

SOLEDAD: Eso era lo que me daba miedo. No esperaba que la mujer de cuya voz me había enamorado tuviera tu aspecto. ¡Tierra, trágame!, pensé.

BIBIANA: Cuando te vi a lo lejos ni te presté atención. Me dije: no es esa, seguro. Luego te fuiste acercando, poquito a poco y te pusiste frente a mí, frente a la mesa que habíamos acordado, y te sentaste sin decir palabra.

SOLEDAD: Es que tenía la boca más seca que una lija.

BIBIANA: No me extraña, con ese vestido y 30 grados, en Madrid.

SOLEDAD: Ya... pero algo pasó entonces. Yo, que me ganaba la vida hablando, me había quedado sin palabras. Y no me importaba. Te miraba, y no me importaba el silencio. Dejé de tener miedo. Hubiera estado así eternamente.

BIBIANA: Y yo, que me había enamorado de una voz, de una mujer que imaginé absolutamente distinta a la que ahora tenía enfrente, no podía dejar de mirarte. Jamás pensé que el amor pudiera ser tan fácil.

SOLEDAD: Tan fácil y tan extraño... debemos nuestra felicidad a la cisterna de un wáter, no lo olvides.

BIBIANA: Jamás. ¡Qué poco se habla de la importancia de

una cisterna en mal estado! ¡Brindemos por ello!

SOLEDAD: ¡A la felicidad por los saneamientos!

BIBIANA: ¡Bien dicho!

Brindan de nuevo. Bibiana coge un porro.

SOLEDAD: Bibita, la marihuana ¿es una planta ornamental?

BIBIANA: Entre otras cosas, sí. Imagino que sí… es muy bonita.

SOLEDAD: Las plantas, los animales, son bonitos… la gente no. Siempre te decepcionan.

BIBIANA: Mi perro se llamaba Pepo y tu gata Valentina.

SOLEDAD: Eran maravillosos.

BIBIANA: El único defecto que tenía Pepo era que le gustaban mucho las personas.

SOLEDAD: En cambio, Valentina las odiaba. ¿Te acuerdas cómo se escondía cada vez que alguien llegaba a casa?

BIBIANA: Y luego con nosotras era cariñosísima.

SOLEDAD: Valentina, con su carita de melancolía…

BIBIANA: Pepo, con su rabito siempre en movimiento…

SOLEDAD: Les teníamos que haber contratado a ellos en lugar de a Ramón y Mamen.

BIBIANA: Ahora mi perro se llama Ramón y tu gata se llama Mamen…

SOLEDAD: Pobres mascotas tontas, con su cortina de humo, con su: "no me acuerdo de nada". ¿Tú crees que pensarán que les vamos a dejar algo?

BIBIANA: No sé, igual sí. Pero primero llorarán, llorarán y llorarán… Sobre todo Mamen.

SOLEDAD: Pero, aunque lloren, no conseguirán convertirse

en Valentina y Pepo, ni siquiera podrán llegar a ser plantas ornamentales. Son demasiado feos.

BIBIANA: Así que… no van a tener nada de nada de nuestro dinero.

SOLEDAD: Nada de nada… se siente. Por tontos y por feos.

Pausa.

SOLEDAD: *(Repentinamente, como una iluminada)* Imagina un mundo lleno de plantas ornamentales. Plantas que sólo dan frutos de pega, de los que no alimentan, incluso perjudiciales para la salud, fíjate lo que te digo.

BIBIANA: ¡O mortales!

SOLEDAD: ¡O mortales! Las plantas, apoderándose poco a poco de la vida. La humanidad, a su vez, muriendo lentamente de inanición… Los perros y los gatos, alimentándose de sus cadáveres.

BIBIANA: ¡Eso es, Solete!… ¡Helecho, cóleo, verbena, azalea, pasionaria, cactus!…

SOLEDAD: …¡Azucena, hortensia, estramonio, adelfa, glicina, petunia!… La humanidad extinguiéndose en medio de una belleza inútil, deslumbrante, mortal. ¡¡Apocalíptico, amor mío! ¡¡Apocalíptico!!

BIBIANA: ¡Y aún será una muerte demasiado generosa! Y no estoy hablando con odio, ¿eh, Solete?, sólo estoy tratando de ser justa. Este mundo necesita erradicar la ira, pero ¿quién lo hará cuando tú y yo nos hayamos ido? Hemos dedicado nuestras vidas a hermanar a los seres humanos, a enseñarles el buen camino, y ahora nos arrojan a las fieras. Sólo desean contemplar nuestra caída.

SOLEDAD: Como los filisteos cuando enviaron al gigante Goliat a enfrentarse con David. Aunque muramos, somos como David, Bibita. Que se queden con su gigante y que les aproveche. *(Cambiando, alegre)* ¿Sabes qué me apetece ahora más que nada en el mundo?

BIBIANA: Dime, mi amor.

SOLEDAD: Bailar una última vez contigo. Me enloquece bailar contigo.

Comienza a sonar un vals. Bailan las dos mujeres. Bailan como lo hacen las borrachas.

BIBIANA: Bailemos, amor mío. Bailemos contra la lógica del tiempo, contra la lógica de los planetas, contra la lógica del universo.

SOLEDAD: Dancemos para celebrar que entre tú y yo no hay cicatrices, ni dolor, ni incertidumbre. Dancemos puras y libres de culpa.

BIBIANA: Como lo hacen los santos.

SOLEDAD: Como las almas que aceptan su martirio.

BIBIANA: Como las alucinadas.

SOLEDAD: Como las enamoradas.

Bibiana trastabillea y parece que vaya a caer. Soledad la sujeta.

SOLEDAD: Bibita, cariño… ¿estás bien? *(Cesa el valls)* Anda, siéntate. Toma. *(Le da una copa con vino y el cuenco de las patillas)* ¿Mejor?

BIBIANA: Mucho mejor, a dónde va a parar. Han sido las vueltas del vals, creo… ¿Por qué el vals tiene tantas vueltas?

SOLEDAD: Y también se mueve un poco la oficina, ¿no?

BIBIANA: Yo también lo he notado: unas veces se mueve más y otras menos...

SOLEDAD: Yo también me voy a sentar un poquito. Oye, Bibita... Nosotras, ¿no íbamos a llamar a alguien?

BIBIANA: ¿Por teléfono?

SOLEDAD: Sí, claro, no iba a ser a voces.

BIBIANA: Pues no recuerdo ahora...

SOLEDAD: Sí, estoy segura... pero ahora no caigo.

BIBIANA: Solete. Si pudieras hacer una única llamada, ¿con quién te gustaría hablar?

SOLEDAD: Contigo, amor mío.

BIBIANA: Pero yo ya estoy aquí, no necesitas llamarme por teléfono.

SOLEDAD: Ah, bueno, claro, sí... pues llamaría a...

BIBIANA: *(Interrumpiendo)* ¡A la Castell! ¡¡Íbamos a llamar a la Castell!!

SOLEDAD: ¡Es verdad! Venga, vamos a llamarla.

Parecen dos chiquillas planeando una travesura. Cogen el móvil. Hablan sin marcar ningún número.

SOLEDAD: *(Susurrando al teléfono)* Assumpta, Assumpta, ven a vernos muertas.

BIBIANA: Pero antes de morir, si vienes, te contaremos secretitos sobre la Isa, el presidente y...

SOLEDAD: ...y sobre todos los amiguitos que hemos hecho a lo largo de nuestra exitosa carrera empresarial.

BIBIANA: Te vas a correr de gusto.

SOLEDAD: ¡Bibita, por Dios!

BIBIANA: Perdón, perdón.

SOLEDAD: Vale, pues luego la llamamos.

BIBIANA: Sin falta. Qué no se nos olvide... Cuántas cosas podríamos contar, ¿eh, Solete? Cuando les presentamos la idea de Global Manifiesta se les pusieron los ojos como platos, a todos, a todo el mundo.

SOLEDAD: Alguien dijo: "¡pero hay matices, hay matices!". Y yo, con todo el aplomo del mundo, les dije: "Aquí no hay matices. La libertad de expresión lleva demasiado tiempo justificando a los bárbaros. Primero el orden y luego la libertad".

BIBIANA: Y entonces arrancaron a aplaudir, primero unos cuantos, y luego toda la sala.

SOLEDAD: Y yo podría decirte, uno por uno, los nombres de todas esas personas que estaban en la sala.

BIBIANA: Aplaudiendo. Pegándose por hacerse fotos con nosotras.

SOLEDAD: Fotos que, misteriosamente, han desaparecido... Porque ahora somos el mismísimo diablo, amor mío. Pero fue con este diablo, contigo y conmigo, con el que pactaron.

BIBIANA: "Global Manifiesta tiene que actuar a nivel nacional", dijo Pedro. Pero resulta que se nos muere una vieja y donde dije digo, digo Diego.

SOLEDAD: La puñetera Herminia Poveda... Teníamos que habernos metido en política cuando nos lo propusieron, Bibita. Seguro que nada de todo esto hubiera salido a la luz.

BIBIANA: Por lo menos hubiéramos tenido más fácil echarle la muerta a otro. A los hechos me remito.

SOLEDAD: Bueno, mi amor, pero consuélate. Menudo marrón les dejamos con nuestra muerte. ¿Suicidio? ¿Asesinato? ¿Conspiración política? ¿Venganza personal?

BIBIANA: ¡Esa es muy buena! ¿Quizá nos ha matado Michi Poveda? ¿Se enteró el héroe juvenil de que no le íbamos a pagar?

SOLEDAD: ¡O mejor, mejor! ¿Fue el fantasma de Herminia Poveda, el alma vengativa de una vieja, la que volvió del otro mundo para reclamar justicia? ¡Vamos a provocar ríos de tinta, Bibita!

BIBIANA: ¡Vamos a ser inmortales! Brindemos por eso.

Lo hacen. Bibiana se queda mirando a Soledad.

BIBIANA: Eres guapísima, Solete. Siempre lo has sido. Tienes un cutis maravilloso.

SOLEDAD: Uy, qué va, eso era antes. Pero da igual. Si tú me ves guapa, todo está bien.

BIBIANA: Todo está bien.

SOLEDAD: Todo.

Silencio. Bibiana reacciona repentinamente.

BIBIANA: ¡Solete, mi amor, vamos a levantar un altar en nuestro honor! Vamos a disponer el escenario de nuestra muerte.

SOLEDAD: Me parece muy bien. ¡Qué las fotos de nuestra muerte queden divinas!

Comienzan a colocar la escena. Las luces cambian. Se nota

que los movimientos de las mujeres son torpes, que ya están en las últimas. Al finalizar la escena ha de quedar el mismo orden/desorden ritualizado que se ve en el prólogo de la obra. Comienza a oírse un susurro fantasmal.

Las mujeres no muestran ningún miedo ya que no sienten tampoco ningún remordimiento. Mientras hablan, no dejan de colocar la escena.

BIBIANA: *(Susurrando)* ¿La oyes, Solete? ¿Oyes esa voz?

SOLEDAD: *(Tranquila)* Como te estoy oyendo a ti. Igual.

BIBIANA: ¿Será el fantasma de Herminia Poveda? Antes lo dije en broma…

SOLEDAD: Me extrañaría mucho, no te preocupes. Y, en todo caso, se le aparecería a su nieto.

BIBIANA: Es verdad, nosotras no somos nada suyo *(Dándole uno de los trofeos)* Toma: este Magnificent Business Career te lo quedas tú.

SOLEDAD: Gracias, cariño. ¿A quién le darán el premio este año?

BIBIANA: Vete a saber. *(Refiriéndose a los murmullos)* En todo caso es muy molesto…

SOLEDAD: Yo se lo daría a una empresa de plantas ornamentales. El premio, digo.

BIBIANA: Eso estaría muy bien, Solete, muy bien.

SOLEDAD: Estaría muy bien, sí.

BIBIANA: Muy bien.

SOLEDAD: Sí, muy bien. *(Coge unas carpetas)* ¿Te parece bien que las ponga así?

BIBIANA: Un pelín más torcidas. Perfectas. *(Molesta con la voz fantasmal)* ¡Herminia Poveda, si eres tú, ya te estás marchando con viento fresco, que nadie te ha dado vela en este entierro!

Cesan los murmullos.

SOLEDAD: *(Riendo)* ¡Hala, Herminia a tomar por culo!
BIBIANA: ¡A tomar por culo!

Han acabado de colocarlo todo. Caen sobre las sillas, agotadas. Están muy cerca la una de la otra.

SOLEDAD: Bibita, mi amor... No puedo más.
BIBIANA: Ya, ya, ya, ya... es que nos estamos muriendo, Solete.
SOLEDAD: ¿Tienes miedo?
BIBIANA: No. Contigo aquí, no.
SOLEDAD: Lo hemos hecho muy bien, Bibita, ¿a qué sí?
BIBIANA: Hemos sido las mejores. Ahora, que se joda el resto del mundo.
SOLEDAD: Cómo te gusta soltar tacos.
BIBIANA: Sí... oye, al final, no hemos llamado a Assumpta.
SOLEDAD: ¡Se quedó sin la exclusiva de su vida! Las madres de la democracia se van sin despedirse de ella. ¡Qué se joda! Uy, perdón.
BIBIANA: Cuánto te quiero, mi Solete.
SOLEDAD: Yo más.
BIBIANA: Cuando lleguemos al más allá, amor mío...
SOLEDAD: *(Interrumpiendo)* Al cielo, Bibita, cuando lleguemos al cielo.
BIBIANA: Ya sabes que yo no soy creyente, Solete.

SOLEDAD: Pues ya va siendo hora. Este es el momento perfecto para tu conversión. Si no, no vamos a poder estar juntas.

BIBIANA: Ah, pues entonces sí, entonces me convierto de todo corazón.

SOLEDAD: Eso está muy bien, cariño.

BIBIANA: Cuando lleguemos al cielo, lo primero que tenemos que hacer es buscar a Pepo y a Valentina. Luego, nos quitaremos toda la ropa y viviremos con ellos, cuatro animales, libres y juntos.

SOLEDAD: Sin preocuparnos por nada ni por nadie. "Fijaos en las aves del cielo: no siembran ni cosechan, ni almacenan en graneros".

BIBIANA: Eso no es de Lola Flores.

SOLEDAD: No, qué va, es de Mateo 6-25.

BIBIANA: Sigue, por favor.

SOLEDAD: "¿Y por qué os preocupáis por la ropa? Mirad cómo crecen los lirios del campo. No trabajan ni hilan y, sin embargo, ni siquiera Salomón, con todo su esplendor…

BIBIANA: ¡Salomón, con todo su esplendor!

SOLEDAD: …se vestía como ellos. Si así lo hace con los lirios, ¿no hará mucho más por nosotros? Así que no hay que preocuparse pensando: ¿Qué comeremos? ¿Qué beberemos? ¿Con qué nos vestiremos?".

BIBIANA: Y también dijo Mateo: "Bienaventurados los de limpio corazón, porque ellos verán a Dios".

SOLEDAD: "Bienaventurados los pacificadores, porque ellos serán llamados hijos de Dios".

BIBIANA: "Bienaventurados los que padecen persecución por causa de la justicia, porque de ellos es el reino de los cielos". Nuestro es el reino de los cielos.

SOLEDAD: Jamás, jamás, jamás, en todos mis años de católica, he visto una conversión tan hermosa como la tuya.

BIBIANA: Sí... muy hermosa. Lo siento en mi corazón.

SOLEDAD: Dios nos ama. Nadie escapa al juicio del Señor.

BIBIANA: Que él nos juzgue, porque ya estamos fuera del alcance de los hombres.

SOLEDAD: ¿Eso también es de Mateo?

BIBIANA: No, es mío.

SOLEDAD: Mujer, eres una buena cristiana.

Están agotadas. Soledad se sienta y Bibiana lo hace a sus pies

SOLEDAD: Cuánto te quiero, Bibita.

BIBIANA: Yo más, Solete...

SOLEDAD: Dios nos va a abrir las puertas del paraíso de par en par.

BIBIANA: Y entraremos en el así vestidas, como el día en el que nos conocimos.

SOLEDAD: Un círculo perfecto. Felicidad, santidad, calvario y de nuevo la felicidad.

BIBIANA: La felicidad de las almas puras... ¡Mira, es Pepo! Mi perrito guapo, ven aquí...

SOLEDAD: Valentina, bonita, ¿dónde estás?... Somos nosotras... ¡Ay, ya te veo, preciosa, ya te veo!...

BIBIANA: Mi amor, vamos a ser muy felices los cuatro. Dame la mano.

SOLEDAD: No me la sueltes nunca.

BIBIANA: Nunca.

Comienza a sonar muy baja la música del prólogo.

SOLEDAD: Esta noche las madres buenas...
BIBIANA: ...las madres santas...
SOLEDAD: ...estarán a la diestra de Dios Padre.
BIBIANA: Aleluya.
SOLEDAD: Te quiero muchísimo, Bibita.
BIBIANA: Y yo más, Solete.

Se quedan quietas. Muy quietas. Los brazos libres caen, aunque no los de las manos que siguen enlazadas. Se escucha la misma canción romántica del principio y se proyecta un vídeo del auge y caída de las dos empresarias. Sobre una imagen idílica de ambas con Pepo y Valentina, cesan la música y el video.

OSCURO FINAL

ENTRE LOCOS ME METÍ
(Y LO QUE SEA DE ELLOS, SERÁ DE MÍ)

Entre locos me metí
(y lo que sea de ellos, será de mí).

Sinopsis:
Mariano es un conductor del Metro que se llevó a los pasajeros a ver amanecer a la Casa de Campo y Concha es una jardinera del Ayuntamiento de Madrid que ha sembrado de hortalizas el Paseo de Recoletos. Ambos están esperando su turno en la consulta de la Doctora Ruiz, psiquiatra de la Seguridad Social. Poco a poco, se dan cuenta de que sus disparatados actos no son una locura, sino una verdadera celebración de la vida, así que deciden unir sus fuerzas para llevar a cabo un magnífico plan.

Esta obra fue estrenada por la Compañía Dale que Dale Teatro el 8 de abril de 2016 en la Sala Plot Point, de Madrid.

FICHA ARTÍSTICA
Doctora Ruiz: Elena Suñén
Concha: Elisa Niño
Mariano: Pedro Ocaña/ Ángel Ferrero
Canción interpretada por: Susana González
Ayudante de dirección: Elena Suñén
Texto y dirección: Blanca Suñén

FICHA TÉCNICA
Vestuario: Elena Suñén
Diseño escénico: Espacio Lasú
Realización escenografía: Manuel González
Espacio sonoro e iluminación: Dale que Dale Teatro
Diseño gráfico y cartelería: Guillermo Martín

DRAMATIS PERSONAE

DOCTORA RUIZ
CONCHA
MARIANO

ESCENA 1

Sala de espera de la Seguridad Social. Entra una mujer con gabardina. Se mete detrás de la mampara de la consulta y vuelve a aparecer con una maleta. Se queda mirando al público. Sonríe.

DOCTORA RUIZ: ¿Saben Uds. lo que se me viene a la cabeza en este momento transcendental de mi vida? Pues que el aeropuerto de Barajas consta de cuatro terminales, un edificio satélite y dos diques (uno de los cuales puede casi considerarse una terminal), además de una terminal dedicada exclusivamente a carga. Las terminales 1, 2 y 3 cuentan con seis zonas de embarque: A, B, C, D y E, que están unidas, y F, que corresponde a la T3. Las puertas de embarque más próximas a la T1 están situadas en las zonas A, B y C. Los vuelos: los vuelos se clasifican, según origen o destino, en tres grupos: vuelos con origen o destino en países firmantes del Acuerdo Schengen, vuelos con origen o destino en países pertenecientes a la Unión Europea no adscritos al acuerdo Schengen, y vuelos con origen o destino a países no pertenecientes a la Unión Europea y no adscritos al acuerdo Schengen. Y Uds. ahora se preguntarán dos cosas: qué es el acuerdo Schengen, y quién soy yo. Con respecto a la primera, se trata de un acuerdo de libre circulación entre algunos países europeos, y en cuanto a la segunda, nada más fácil de responder... *(Se quita la gabardina)* Soy la doctora Ruiz, psiquiatra de la Seguridad Social. Pero de toda la vida, mi pasión han sido los aeropuertos. Más exactamente ver aterrizar y despegar aviones. Observar a todas esas personas que suben y bajan de ellos e imaginar lo que han hecho antes de embarcar o lo que harán una vez tomen tierra en sus lugares de destino. Ninguna otra cosa me gusta tanto; a nada en la vida he puesto tanto interés, ni me ha dado tantos momentos de alegría.... Cuando terminé el bachillerato, pensé en hacerme azafata, pero me da miedo volar, ya les he dicho que a mí lo que me gusta es ver aviones, no estar dentro de ellos. Azafata de tierra, entonces... pero tampoco lo vi claro, porque prefería imaginar cómo eran los pasajeros a tener que aguantarlos. Entonces alguien me dijo que si me gustaba tanto observar a la gente e intentar saber el porqué de sus idas y venidas, igual la psiquiatría sería una buena profesión para mí. Doctora Ruiz, psiquiatra. Suena bien, ¿verdad?, casi, casi, se huele el triunfo social, pero a lo que yo huelo en realidad es a pena y a desilusión. Porque lo que yo siempre he deseado es dedicarme a estar las horas muertas en un aeropuerto viendo salir y llegar aviones, observando alelada a los pasajeros que van y vienen, sin hacer nada realmente útil... Pero ¿qué pensarían Uds. de mí? Dirían: "Mírala, ya está ahí otra vez esa vaga, esa haragana, esa ociosa, holgazana, zángana, gandula, penca". Y todo porque no existe una profesión en la que esto se haga; nadie puede ganarse la vida de esa manera. Para ganarse la vida hay que sufrir, sufrir y ver sufrir como yo lo he hecho, sin pasión, sin interés, sin ganas; porque en mí no quedaba ni una pizca de ilusión por la vida. Pero hace unos años tuve una iluminación; me dije a mi misma que antes de cumplir los cincuenta ahorraría el dinero suficiente como para poder hacer de mi capa un sayo y desaparecer definitivamente. Llevo la misma bata desde hace 12 años. La ropa interior me la compro en un chino y limpio toda la casa con un solo producto, tantos suelos como platos de postre. La última blusa que me compré llevaba hombreras y los pantalones aún eran de cintura alta. Pero ya está, ya está. Tras casi 20 años de economías, ha llegado mi momento. Puedo vivir de las rentas. Modesta, muy modestamente, pero no necesito más: he alquilado un apartamento monísimo muy cerca del aeropuerto de Barajas, y todo lo que quiero cabe en una pequeña maleta. Literalmente, voy a desaparecer del mapa. Me he deshecho de todo aquello que pueda recordar que alguna vez existió una mujer que contestaba al apellido Ruiz y a la profesión de psiquiatra. No quiero a nadie detrás de mí reprochándome que si he tirado mi vida por la borda, mi carrera, mis años de consulta, mi hermosa posición social. Es ahora cuando, por fin, mi vida deja de escaparse por la borda, porque ya no hay borda, ni barco, ni rumbo. Ahora sólo hay un espacio finito lleno de infinito. Un lugar donde los aviones aterrizan y despegan para que yo pueda soñar con lugares remotos y con vidas inexistentes. Y cuando alguien, al cabo del tiempo se pregunte: "¿Quién será esa que está todo el día mano sobre mano? ¿Quién demonios es esa vaga, haragana, ociosa, holgazana, zángana, gandula, penca?" Cuando mi improductividad feliz comience a llamar la atención, simplemente me iré a otro aeropuerto. Me cogeré un autobús a Sevilla, a Barcelona, a Valencia, a Pamplona, a Málaga o a donde sea. Mi pequeña maleta y yo nos iremos con la música a otra parte. Bueno, señoras y señores… son casi las diez y yo tengo que irme de aquí *(Se va cambiando de ropa mientras habla)* ¡Ah! y si algunos de los aquí presentes han sido pacientes míos, les pido perdón humildemente. Casi seguro que no puse la suficiente atención cuando me contaban sus penas. Sólo puedo decirles que, si lo desean, estaré encanta de que veamos juntos las llegadas y las salidas de los aviones y de que charlemos tranquilamente sobre las posibles vidas de los que en ellos van y viene. Igual esa sí es la mejor de las terapias. Avistar otros mundos probables y, juntos, pensar en por qué nos encadenamos a una tierra que no produce frutos. Al menos no esos frutos soñados desde la infancia. Dejar de tener las manos extendidas y vacías, para llenarlas con nuestros propios deseos. Voy a dejar de ser psiquiatra oficialmente, pero si necesitan un consejo, una ayuda, si necesitan que alguien escuche sus temores, ya saben dónde encontrarme. Tendré mi consulta abierta las 24 horas, y de forma completamente gratuita. Y allí, de verdad, sí que será un auténtico placer escuchar y ser escuchada. Que tengan todos Uds. la mejor de las travesías.

La luz se va apagando sobre la doctora Ruiz, que dice adiós con la mano.
Oscuro.

ESCENA 2

Se escucha una canción infantil. La luz sube. Entra Mariano. Luego, Concha. Se sientan.

CONCHA: *(Para sí)* ¡Dios, la que se ha liado! Y el caso es que a mi... No sé... Me sigue pareciendo una idea estupenda... A mí, claro, porque lo que es a los demás... Pero es que con ellos no se puede contar para estas cosas... Igual tenía que haberles consultado antes, sí, vale, pero... ¡Me hubieran prohibido hasta pensar en ello! y mira tú, ahora no hago otra cosa que darle vueltas a la cabeza... ¿Qué tengo que hacer? ¿Arrepentirme? ¿Reconocer que todo ha sido una locura transitoria? ¿Dar mi brazo a torcer y pedir la maldita baja?... Al final acabaré por volverme loca de verdad, pero no por lo que hice, sino por lo que me obligan a hacer.

MARIANO: *(Igual)* Yo pensaba que mi felicidad sería contagiosa... Ver cómo pasan las estaciones, y no parar, no parar hasta el campo, hasta la Casa de Campo nada menos... Porque lo hice por ellos, pensaba que merecían ver un amanecer que ya casi habían olvidado, y que luego, nos daríamos los buenos días, los buenísimos días, y nos tutearíamos los unos a los otros... yo quería que riesen, que se sintieran personas otra vez, aunque fuera por unos minutos... Pero cómo me miraban, Dios mío... ¡Me querían matar!... Hasta la policía estaba en el andén... Como si yo fuera un delincuente pillado in fraganti. Pero ¿fue un delito lo que hice? "El fin no justifica los medios, Mariano", me dijo el supervisor, y sí, es cierto, pero es que mi fin era tan maravilloso, tan maravilloso…

CONCHA: *(Para sí)* ¡Pudo ser tan maravilloso!

Ambos se quedan sumidos en sus propios pensamientos. Tras unos breves momentos, suspiran a la vez. Se quedan mirando, como si acabaran de descubrirse el uno a la otra. Sonríen e, inmediatamente, cogen sus carpetas con la cita. Parecen leer, pero en realidad sus pensamientos están mucho más allá.

MARIANO: *(Para sí)* Ahora todo se ha convertido en una pesadilla, en un mal sueño. ¿Yo hice eso?

CONCHA: *(Igual)* Sí, lo hice, llevaba meses haciéndolo en secreto, aguantándome las ganas de contárselo a todo el mundo.

MARIANO: Y cuando lo conté en casa, ¡qué drama, Dios mío!

CONCHA: ¡El drama va a ser cuando se lo cuente a mi madre! Si es que se lo cuento alguna vez.

MARIANO: Daría cualquier cosa porque alguien me entendiera, alguien que no fuera un frío psiquiatra de la Seguridad Social… Una persona como yo, si es que la hay…

CONCHA: Como un perro verde, así es como me siento, como un perro verde.

MARIANO: Como una gallina con orejas.

CONCHA: Una se cree que puede y…

MARIANO: Uno se cree que quiere y los que parecen como

tú, se echan a un lado.

CONCHA: ¿Es que no hay nadie que me pueda decir: bien, Concha, bien?

MARIANO: Bien, Mariano, bien.

CONCHA: Y aquí estoy, asustada y más sola que la una.

MARIANO: Esperando a que decidan por mi aunque sean incapaces de entender lo que pasó.

CONCHA: ¿Y quién me va a entender? Tendría que ser alguien que haya tenido un impulso tan humano, tan irrefrenable como el mío.

MARIANO: ¿Y quién me va a entender?

CONCHA: ¿Quién?

MARIANO: ¿Quién?

LOS DOS: ¿Quién?

Se miran. Hacen un amago de tocarse, lento, profundo. Se paran a mitad de gesto. Se miran profundamente. Por un instante, el tiempo se detiene. La luz aumenta.

MARIANO: *(En voz alta)* ¿Tiene Ud. hora, por favor?

CONCHA: *(Sin pensárselo, ansiosa y casi feliz)* ¡Las diez y cuarto!... Más o menos, diez y cuarto, por ahí, por ahí, deben ser.

MARIANO: Pues van con retraso. Yo tengo hora a las diez, ¿y Ud.?

CONCHA: A las y media. Yo, yo, a las diez y media.

MARIANO: ¿Media hora nada más entre uno y otro? Pues yo no creo que me dé tiempo a explicarle al doctor lo que...

CONCHA: *(Interrumpiendo)* Doctora. Es doctora.

MARIANO: ¡Uy, qué tontería! Había pensado que era un señor, ¡como se llama Ruiz!

CONCHA: *(Sin saber qué contestar)* Claro, claro...

Se ríe, nerviosa, la risa se le contagia a mariano. En ese momento se escucha por la megafonía: "Doctora Ruiz. Doctora Ruiz. Preséntese a consulta en la sala 4. Sala 4. Doctora Ruiz, sala 4".

MARIANO: *(Refiriéndose a la megafonía)* Doctora, sí, doctora.

CONCHA: Ruiz, doctora Ruiz.

Vuelven a reír tontamente, pero no dejan de mirarse.

CONCHA: *(Dándole la mano)* Hola, me llamo Concha.

MARIANO: *(Igual)* Yo soy Mariano, encantado. *(Viéndole la muñeca)* No lleva Ud. reloj.

CONCHA: ¿Qué?

MARIANO: Me ha dicho que eran las diez y cuarto, y no lleva reloj.

CONCHA: No. Nunca llevo reloj, no me hace falta. Siempre sé, más o menos, la hora que es.

MARIANO: ¡Anda, que bien! ¿Y eso?

CONCHA: *(Se nota que le encanta lo que cuenta)* Es que soy jardinera, y trabajando siempre al aire libre, una se acostumbra a saber la hora que es sólo por la luz.

MARIANO: ¿Incluso con la luz eléctrica?

CONCHA: Pues sí... ahora que lo dice... es raro, ¿verdad?

MARIANO: Pero muy interesante. Ya me gustaría a mí. Yo

es que trabajo en el Metro, ¿sabe? Y casi nunca veo la luz del día. Únicamente si voy a alguna estación que no sea subterránea. La de Casa de Campo, por ejemplo.

CONCHA: Uy, uy, uy, yo no podría, ¡me volvería loca, vaya! *(Dándose cuenta de lo que ha dicho)* Perdón, perdón, perdón. *(Se sienta, avergonzada)*

MARIANO: ¿Es la primera vez que viene al psiquiatra?

Concha afirma con la cabeza.

MARIANO: Yo también.

CONCHA: Pero no debería estar aquí.

MARIANO: Yo tampoco.

CONCHA: Quiero decir que estoy perfectamente cuerda.

MARIANO: Yo también.

CONCHA: No he hecho nada malo.

MARIANO: Yo tampoco.

CONCHA: Quería ver a la gente contenta.

MARIANO: Yo también.

CONCHA: No puedo ver el sufrimiento y quedarme al margen.

MARIANO: Yo tampoco.

CONCHA: Pero ahora pienso en lo que hice, y comprendo que me hayan mandado aquí.

MARIANO: Yo también... digo yo tampoco... digo... ¡ay, no, yo no! ¡Yo no! ¡No! ¡Ahí sí que no le puedo dar la razón! No sé lo que Ud. habrá hecho, pero en mi caso, nunca estuve mejor de la cabeza que aquel día. ¿Me deja que se lo cuente? ¡Necesito hablar con alguien que no se crea siempre por encima de mí, alguien que entienda mínimamente qué fue lo que sucedió!

CONCHA: Mariano, míreme. En mi baja pone: "Trastorno del control de los impulsos", lo que oficialmente quiere decir que estoy sobradamente cualificada para entender su postura. Además, para mi será un placer oír su historia.

MARIANO: No sabe cómo se lo agradezco. Allá voy... Eran las cinco de la mañana cuando me levanté, y ya se veía que iba a ser un día maravilloso. Pero yo, me lo iba a perder. Una vez más, tendría que estar toda la santa mañana de la Alameda de Osuna a la Casa de Campo, de la Casa de Campo a la Alameda de Osuna, una vez, otra, otra, otra. Los conductores de Metro no tenemos otra cosa que vías por delante; ni siquiera vemos las caras de la gente que va en los vagones. Llevo veinte años llevando personas al trabajo cada mañana, y jamás he hablado con ellas, nunca he estrechado la mano de ninguna: "¡Qué tal Antonio!, ¿va mejor el resfriado?" "¡Ana, que ya me he enterado que tu hija aprobó la selectividad, que maravilla!" "¡Señor, sí, sí a usted le digo, hombre de Dios: ¿me hace el favor de no pegarse tanto a la orilla, que se me va a caer a las vías?", ¡qué sé yo, caramba! Un poquito de calor humano. Usted es jardinera, tiene que entenderlo, trabaja con seres vivos: las flores, los setos, los árboles, los parques en verano.

CONCHA: Bueno, bueno, no se crea, ¿eh?, que todo tiene su lado oscuro: los perros, los jubilados, los adolescentes, las parejitas ñoñas, las baronesas atadas a los árboles... Y en invierno se pasa un frio de narices. Hay mucho mito en esto. Pero siga, Mariano, siga con su historia.

MARIANO: Sí, sí, mi historia. Ay, Concha, ¡lo que yo hice fue despampanante, portentoso, increíble! El gran momento de mi vida. A ver, entiéndame, yo sabía que no tenía que hacerlo, pero fue superior a mí. O no, no superior, cómo le diría... fue, fue como verme por dentro, como darle la vuelta a un traje y estrenarlo otra vez. Esa mañana me saqué el alma del cuerpo y la puse a conducir. Y el alma me dijo: "Mariano, hoy es martes, un día que ni fu ni fa, pero vamos a hacer que se convierta en un acontecimiento inolvidable para todos nuestros queridos usuarios". Una cosa de lo más formal, de lo más correcto para lo que viene a ser el alma de un conductor de Metro. Bueno, pues el caso, es que me entusiasmé. Lo primero que hice fue poner música por megafonía: El galope infernal, de Offenbach.

CONCHA: No sé cuál es, no la conozco.

MARIANO: Sí, mujer, claro que la conoce, es la de... *(la tararea)*

CONCHA: ¡Ah, ya!

Ambos la tararean a la vez.

CONCHA: ¿A qué hora puso Ud. esta música?

MARIANO: Me lo pensé un poco... sobre las siete y media de la mañana.

CONCHA: ¡La madre que le parió! ¿Todo el trayecto?

MARIANO: Entero y verdadero, de la Alameda de Osuna a la Casa de Campo. Dejé que los usuarios se bajaran y se montaran hasta llegar a Alonso Martínez y ahí ya no paré más, los lleve directamente a la casa de Campo sin detenerme en ninguna estación. *(Hablando como en megafonía)* "Estimados usuarios de la Línea 5 del Metro de Madrid, les habla su conductor, Mariano. Les voy a llevar a todos Uds. a la Casa de Campo, para que vean amanecer y luego disfruten del aire libre. No va a pasar nada. Llevo 20 años haciendo este trayecto y ya soy como el hombre topo. ¡Un día es un día, amigos míos! ¡Llegaremos en un momento! ¡Disfruten del trayecto y sólo piensen en ser felices, que se lo merecen!".

CONCHA: ¡Qué maravilla!

MARIANO: Eso pensaba yo. Ojalá hubiera estado Ud. ahÍ, por lo menos hubiera hecho feliz a una persona.

CONCHA: Se enfadaron mucho, ¿verdad?

MARIANO: ¡Puf! Mucho, mucho. Por no oírlos puse la música lo más alto que pude y, claro está, no me atreví ni a bajarme de la cabina. Pero dio igual, porque ya me estaban esperando unos policías en el andén. Me bajaron y se pusieron uno a cada lado, cogiéndome de los brazos porque yo me movía mucho, pero no porque estuviera trastornado sino porque quería hablar con alguien a quien hubiera hecho feliz, y me quería acercar a preguntarles si entre todos ellos no había nadie, nadie, que le hubiera dejado dar una vueltecita a su alma, como me había pasado a mí. Todos me insultaban, y más de uno me levantó la mano… si no llega a ser por la policía me hubiera caído una buena somanta de palos. Así que me quedé quieto, no busqué más. Fue un bajón, porque yo no lo hice para quedarme a gusto, que es lo que decían todos: "Mírale, el cabrito, ¡y se habrá quedado tan a gusto!" Pues no señor, para nada, porque yo lo que quería era darles un gusto a ellos, regalarles un martes imperecedero, definitivo,

Histórico. Dicen que tengo agotamiento mental. ¡Ja! ¿Agotamiento mental? Al contrario, la mente del hombre topo nunca ha estado mejor que cuando tuvo ese chispazo de absoluta cordura.

CONCHA: Me parece una historia preciosa. Y, desde luego, puede estar seguro de que para ellos habrá sido un día inolvidable.

MARIANO: Ya, pero unas razones muy diferentes a las que yo había planeado.

CONCHA: La intención es lo que cuenta, Mariano.

MARIANO: Ya se sabe que el camino del infierno está empedrado con buenas intenciones.

CONCHA: Por lo menos Ud. lo hizo, vio realizado su plan que, a mí personalmente, me parece un plan magnífico. El mío murió nada más asomar la cabeza, el mío ha quedado etiquetado para siempre en esta hoja *(por el volante)* que dice: "Trastorno del control de los impulsos". Lo cual no deja de ser una paradoja, porque si algo controlé, fueron los impulsos. ¿Sabe Ud. el control que se necesita para tener una huerta hecha un primor? ¿Para respetar el tiempo de crecimiento de cada una de las hortalizas? Es como tener familia numerosa, y saber que cada uno de los hijos va a tener un proceso diferente. Porque yo soy jardinera, ya se lo he dicho, pero a mí no son las flores lo que más me gusta, ni los setos, ni los árboles; lo mío son las hortalizas. Lechugas, tomates, judías, coles de Bruselas, zanahorias, nabos, espinacas, acelgas, apios, berenjenas. La naturaleza es un milagro al alcance de la mano, un vergel no sólo para decir: "¡qué bonito!", sino para comérselo, ¡para comérselo! Hubiera sido tan hermoso. Ya se veía, ya asomaban las hojas de las zanahorias, los pequeños tomatitos, verdes y redondos, la mata de berenjena florida… Pero se acabó, el mismo día que lo descubrieron acabaron con mi huerta.

MARIANO: Pero… ¿por qué?

CONCHA: Porque estaba en el Paseo del Prado. De Cibeles hasta Atocha.

MARIANO: ¡Madre mía, vaya curro! Y qué quería hacer con tanta hortaliza, ¿poner una tienda?

CONCHA: Eso hubiera sido lo suyo, ¿verdad?, pero no. Yo lo que quería era dárselo a la gente, para que nadie pasara hambre. Me ha salido el tiro por la culata. ¡Y odio esa sensación! ¡La odio a ella y me odio a mí por provocármela! ¡No me gusta tener que estar aquí esperando la baja por haber perdido un tornillo! ¡¡Yo no tengo tornillos!! ¡Tengo un hermoso corazón de hortelana que bombea sangre! *(Entusiasmada, se sube a la mesa)* Veo el mundo como una enorme alcachofa. ¡Sí, como una alcachofa verde y bella! Las capas de encima no son las más ricas, sino que hay que seguir introduciéndose en ella, meterse hasta el meollo para apreciar lo más vivo, lo más sabroso, lo más verdaderamente terrenal. No hay nada comparable al corazón de una alcachofa, Mariano. Pero la mayoría de la gente te dirá: "Una alcachofa da mucho trabajo, te mancha las manos, chupas y chupas para aprovechar sólo una pequeña parte de ella, prefiero comprar una sopa juliana de sobre". ¡Una sopa juliana de sobre, venga hombre, por Dios! Claro que da trabajo; claro que te manchas las manos; claro que chupas y chupas hasta sacar el más exquisito de los sabores, pero ¿acaso no es eso la vida? No, no es una locura decir lo que estoy diciendo, y menos aún lo es pretender verlo hecho realidad. Pero literalmente: una hermosa fila de alcachofas, desde Cibeles hasta la Glorieta de Atocha, diciendo ¡cómeme, cómeme! Un autoservicio al que puedan acudir todos aquellos que ahora buscan la comida en la basura.

MARIANO: ¡Que los hay!

CONCHA: Los hay, aunque no queramos verlo.

MARIANO: No queremos, no. Concha, ¿cómo hemos llegado a ser tan miserables?

CONCHA: Porque hemos dejado las ideas en manos de otros. De otros que han pensado por nosotros y nos han dicho lo que estaba bien y lo que estaba mal. ¡Y lo han etiquetado en estos papeluchos, Mariano!

MARIANO: Concha, ¡tengo una idea! Pero antes tengo que hacerle una pregunta.

CONCHA: Lo que quiera.

MARIANO: Pues que si... que si podemos tutearnos.

CONCHA: Y hasta darnos un abrazo, Mariano.

Se abrazan cálida y emocionadamente.

MARIANO: *(Sacando su papel de la cita)* ¡Vamos a quemar estos papeles! Como hicieron los hippies que no querían ir a la guerra del Vietnam con las cartillas de reclutamiento.

CONCHA: ¡Bien!

Se quedan momentáneamente paralizados con una sonrisa triunfal, pero...

MARIANO: No tengo mechero...
CONCHA: Yo no fumo...

Entra precipitadamente la doctora Ruiz con la maleta. Lleva gafas de sol. Se sienta. Mira insistentemente hacia la puerta. Concha y Mariano se sientan a su lado.

CONCHA: ¿Ud. fuma?
DOCTORA RUIZ: ¿Yo? Jamás.
MARIANO: Así que, no lleva mechero...
DOCTORA RUIZ: Para qué, si no fumo...
MARIANO: *(Desilusionado)* Ya.
CONCHA: *(Igual)* Claro.

La doctora Ruiz se levanta. Vuelve a mirar hacia la puerta.

DOCTORA RUIZ: *(Para sí)* ¡Por fin, campo despejado! *(Se va a ir, pero antes se dirige a los otros)* Y en los hospitales no se fuma.

Sale rápidamente. Concha y Mariano se han quedado en blanco. Pausa.

CONCHA: ¡Trae para acá!

Concha agarra los papeles de ambos y los empieza a romper. Mariano se une a ella. Los lanzan por el aire. Ríen. Bailan. Suena el móvil de Mariano y los dos dan un respingo. Mientras Mariano habla, Concha recoge los papeles y los va metiendo en la papelera mientras tararea "Acuario".

94

Parece una mariscadora feliz bailando un aire regional.

MARIANO: ¡Uy, qué susto! Mi móvil, es mi móvil, perdón, voy a cogerlo. *(Se levanta)* Sí, sí, hola, mi amor… bien, todo bien, aquí, esperando… No aún no, van con mucho retraso… pues no sabría que decirte, la han llamado para una urgencia, creo… ¿con quién? no, no, enfermera no, vamos que aquí no ha aparecido nadie todavía… Nada, pues tener paciencia, que quieres que haga… ¡qué va cariño, qué va, que no hace falta que vengas!… no, no, tú haz lo que tengas que hacer y si eso ya te llamo yo cuando acabe… De verdad, cielo, que estoy estupendamente… Que sí, mi amor… en cuanto acabe. Vale… vale…. yo también… otro para ti, mi vida. Adiós, adiós. *(Se vuelva a sentar, pensativo)*

CONCHA: *(Dejando la papelera encima de la mesa)* ¿Tu mujer?

MARIANO: ¿Eh? No, Federico, mi marido.

CONCHA: ¡Uy, qué tonta, perdona!

MARIANO: Nada, mujer, no tiene importancia. Me había olvidado completamente de Federico. No creo que le guste mucho esta rebelión. Tú, ¿estás casada?

CONCHA: Ahora mismo no.

MARIANO: Pero lo has estado.

CONCHA: Shhhhí… Tres veces.

MARIANO: ¿Tres?

CONCHA: Y casi cuatro, que la última vez me arrepentí a tiempo. Es que yo no sé qué me pasa, chico. Me enamoro y me entran unas ganas locas de casarme… por lo civil, claro, que por la Iglesia sería ya la monda, pero luego, la cosa se complica y se complica. Y mira que pongo todo de mi parte. Es más, me he planteado seriamente que si será ese el problema: que pongo demasiado de mi parte, ya sabes: trastorno del control de los impulsos.

MARIANO: Pues igual es por eso.

Ríen los dos de buena gana.

CONCHA: Vamos, el caso es que yo no tengo que preocuparme por mi marido. Eso sí, no sé qué le voy a contar a mi madre.

MARIANO: ¿Es muy mayor?

CONCHA: No, es guardia civil.

MARIANO: ¡Hostias!

CONCHA: Pues sí… ¿Tenéis hijos?

MARIANO: No.

CONCHA: Yo tampoco.

Pausa. Se miran. Miran a la papelera. Suspiran. Se balancean. Cruzan los brazos.

CONCHA: Y ahora, ¿qué hacemos? Siempre podemos decir que nos hemos dejado los papeles de la cita en casa y volver otro día, pero…

MARIANO: …Sería como reconocer que lo que hemos hecho es de locos…

CONCHA: …Y nada más lejos de la realidad. Sin embargo…

MARIANO: …Hablando de realidad, la realidad es que yo tengo un marido al que informar de la situación…

CONCHA:… Y yo, se lo tengo que contar a la guardia civil.

Así que, o acabamos con este juego aquí y ahora...

MARIANO: ... o vamos hasta el final, pase lo que pase. *(Se miran y se cogen de la mano. Se levantan y avanzan a proscenio)* Yo reivindico mi derecho a poder crear una línea de Metro recreativa, sin más sentido que procurar hacer feliz a las personas, aunque sea una sola vez a la semana.

CONCHA: Yo reivindico mi derecho a sembrar medianas, paseos, bulevares y glorietas, de huertos urbanos para uso y disfrute de todo el mundo. *(Saliendo de sí misma y dirigiéndose a Mariano)* ¡El tren de la bruja y el jardín de la alegría! ¡Eso es lo que vamos a hacer!

MARIANO: Hombre, el jardín de la alegría, vale, pero lo de el tren de la bruja no acabo de verlo... Vamos a ver si se nos ocurre otra cosa.

CONCHA: Yo pienso mejor con la tripa llena. Seguro que encontramos algo para comer por ahí fuera.

Salen de escena mientras la luz baja poco a poco.

ESCENA 3

La luz va subiendo mientras se vuelve a escuchar la canción infantil. Entran hablando y comiendo.

MARIANO: Lo importante es que la gente deje de ser gente y se conviertan en personas. Que ese día de la semana se relajen, disfruten, hagan amigos. Que los vagones sean la hora del recreo que tanto esperábamos cuando éramos niños de colegio. El usuario como protagonista, ni apretones, ni malas caras, ni anonimatos.

CONCHA: Fíjate que se me está ocurriendo que en esa línea recreativa, se podía cambiar el slogan y en lugar de "Metro de Madrid: vuela", podíamos poner: "Metro de Madrid: ¡juerga!".

MARIANO: Pues sería bonito, sí.

CONCHA: ¿Y seguimos manteniendo los martes como el día para hacerlo?

MARIANO: A mí me haría ilusión, en conmemoración al día en el que me dio la revolera, pero se puede ampliar a más días a la semana.

CONCHA: Igual, con el tiempo, incluso todos los días.

MARIANO: Bueno, bueno, vamos poco a poco, que quien mucho abarca poco aprieta.

CONCHA: Vale, vale, eso ya lo iremos viendo según lo que la gente…

MARIANO: *(Interrumpiendo)* No, gente, no, Concha, personas, serán personas las que entren en ese tren.

CONCHA: ¡Ay, sí, y podíamos irles preguntando su nombre según van entrando! Ya me veo, Mariano: se abren las puertas del vagón y yo les recibo personalmente, les digo mi nombre, les pregunto el suyo, y le regalo a cada uno de ellos algún producto de mi huerta envuelto para regalo.

MARIANO: ¡Qué idea! ¡Podíamos tener un vagón restaurante, todo de platos vegetarianos, hechos con productos frescos de la huerta de Concha! ¡Del Paseo de Recoletos a su boca, sin intermediarios y sin más contaminación que la que ya lleva usted en el cuerpo por el mero hecho de andar por Madrid!

CONCHA: Bueno, esto último no sé yo si es lo más adecuado para un slogan.

MARIANO: No, igual no. Pero lo del vagón restaurante, ¿te parece bien?

CONCHA: De perlas. Hombre, yo soy una cocinera normalita, la verdad. La que cocina que te mueres es mi madre, pero no la veo.

MARIANO: Como que no encaja, ¿no?

CONCHA: Hombre, imagínate que entras en el vagón restaurante y te atiende una comandante de la Guardia Civil. Se te corta todo el royo. Hasta para dormir tiene un pijama del Cuerpo. Lo suyo es vocacional al cien por cien. Le viene de herencia. En mi familia han sido guardias civiles desde la época del Duque de Ahumada.

MARIANO: Y ¿quién era ese?

CONCHA: El que la fundó, no te digo más… Francisco Javier Girón y Ezpeleta.

MARIANO: Así que, a ti también te tocaba ser guardia civil.

CONCHA: Claro. Eso ya se daba por hecho. Y de pequeña no me importaba, hasta me hacía ilusión. Para mí era una cosa de lo más natural. Mi padre también era del Cuerpo, lo que pasa es que murió siendo yo una niña.

MARIANO: Pobre hombre, ¿en acto de servicio?

CONCHA: No, de un infarto, en el Bernabéu, viendo la final de Copa. Mi madre me tuvo que sacar adelante ella sola, como una campeona. Es muy buena mi madre, ¿eh?, que lo cortés no quita lo valiente, lo que pasa es que la decepcioné muchísimo cuando le dije que ni por asomo quería seguir con la tradición familiar, que lo mío eran las hortalizas.

MARIANO: Ya me figuro... si hubiera sido otra cosa, ¿no?

CONCHA: Qué va, hubiera sido igual una cosa que otra. Yo soy hija única, ¿sabes? Y he condenado a la familia a la extinción militar.

MARIANO: Bueno, bueno, Concha, que cada cual se tiene hacer responsable de su vida. Tu madre no puede vivir la tuya ni tú la de ella.

CONCHA: Estuvimos mucho tiempo sin hablarnos. Un día, hace dos años, se rompió la clavícula en unas maniobras y fui a verla al hospital. Hablamos largo y tendido y firmamos una tregua. Y en ello estamos, tratando de entendernos la una a la otra cada día mejor. Pero ahora me da pánico hablar con ella y contarle todo el asunto. Ni siquiera sabe que estoy de baja por sembrar de comida todo Recoletos.

MARIANO: Concha, pues deberías hablar con ella.

CONCHA: Bueno, vale, otro día ya si eso la llamo... *(Se va enfadando cada vez más)*

MARIANO: Pero si la cosa se complica, que se va a complicar, cada vez te va a resultar más difícil.

CONCHA: Mira, tú no te preocupes por eso, que ya

encontraré yo el momento.

MARIANO: Acabará por enterarse, y si lo hace por otra persona...

CONCHA: ¡Pues no sé yo quién se lo va a contar! ¡Que yo sepa no tenemos amigos comunes!

MARIANO: *(Que también empieza a enfadarse)* ¡Vale, pues estupendo, no le cuentes nada! ¡Di que sí! ¡Es la mejor manera de seguir mejorando las relaciones con tu madre!

CONCHA: *(Explotando)* ¡No, no, la mejor manera de tener una buena, una magnífica relación con mi madre, es contarle que su hija la loca se ha juntado con un tío tan loco como ella y que juntos van a llevar a la gente -¡uy, no, no, a la gente no, a las PER-SO-NAS!- de tour subterráneo por todo Madrid en un convoy de Metro repleto de hortalizas y buenos deseos! ¡Se va a poner tan contenta que va a explotar de alegría! ¡O no, no, mira, casi mejor le dejo bien clarito que todo el asunto es ilegal, pero completamente ilegal, y que voy a tener el detallazo de permitirle que sea ella, personalmente, la que venga a detenerme! Y ya, para demostrarle que soy la mejor hija del mundo, lo vamos a organizar todo para el día del Pilar, patrona de la Guardia Civil y día del desfile militar de las fuerzas armadas.

MARIANO: ¡Venga, Concha, para un poco el carro que te estás liando tú sola!

CONCHA: ¡Mira, mejor cállate porque no sabes ni de la misa la media!

MARIANO: Pero, ¿tú te estás oyendo? ¿Qué pasa, que tu madre es la Cruella de Vil de la Benemérita?

CONCHA: ¡Anda y que te den!

MARIANO: ¡Que te den a ti! Y otra cosa más te voy a decir, hija del Cuerpo...

Se escucha el zumbido de un móvil. Los dos se quedan un momento quietos. Luego ambos, sin dejar de mirarse, se buscan por la ropa, inquietos, asustados, hasta dar cada uno con su teléfono. El aparato sigue zumbando. Concha suspira aliviada, no así Mariano.

MARIANO: ¡El que faltaba pa´l duro! ¡Qué oportuno es este hombre! *(Descuelga)* Sí, sí... Hola, amor, hola... Sí.... Sí.... No... No... Bueno... Bueno... Qué no, qué no, Fede, de verdad.... Si me va a tocar ahora mismo, al siguiente que nombren ya es a mí... ¿Defensor del paciente? ¿qué paciente?... ¡ah, yo, claro, yo mismo!... Pues no sé si.... ¡Seguro, seguro!, yo lo busco y les monto un pollo, bueno, ¡Qué pollo pienso montar!... ¡No, no, no, de ninguna manera! ¡Te vas a molestar tú en venir!... ¡Qué no, mi amor, que no me da la gana darles ese gusto!... ¡Qué no, te estoy diciendo! Espera, espera un momento que está saliendo la enfermera. *(Tapa el auricular y se dirige corriendo a Concha. Habla en "alta voz baja")* ¡¡Hazme un favor y no seas rencorosa, te lo suplico, Concha!! ¡Por tu madre, o no, por tu madre no, mejor por tu difunto padre, o no, tampoco por tu padre!... ¡¡por la Benemérita en general !! Pon voz de enfermera y di: "Mariano Belencoso Bellido, la doctora Ruiz le espera en la sala 5, sala 5"... ¡Concha, tengo a Fede al teléfono! ¡Es cuestión de vida o muerte!

Se miran cara a cara. Pasan unos tensos segundos. Ninguno de los dos se mueve ni un milímetro, ni cambian su expresión facial.

CONCHA: *(Con voz nasal)* "Mariano Belencoso Bellido, la doctora Ruiz le espera en la sala 9. Sala 9".

MARIANO: *(Bajo)* ¡Gracias, gracias! *(Al teléfono en voz alta)* Fede, Fede, cariño, ¿has oído? Que voy a entrar, que ya me toca, que…. Sí, sí, ¡buenoooo, un pollo, un señor pollo! Te dejo… ¡Sí! ¡Sí! ¡En cuanto acabe, en cuanto acabe monto un pollo que para qué! ¡Adiós, adiós, adiós! *(Cuelga)* Qué mal rato he pasado, por Dios, con el pesado éste empeñado en venir y montar un pollo.

Se vuelve a escuchar la megafonía: "Doctora Ruiz. Doctora Ruiz. Pase con urgencia por el despacho 14. Despacho 14. Doctora Ruiz. Pase con urgencia por el despacho 14".

CONCHA: ¡Vaya, Mariano, por los pelos! Llega a escuchar esto tu Fede y aquí que se presenta con todo el gallinero. Pero mira, has tenido suerte y tu mentira va a colar.

MARIANO: No es lo mismo una pequeña mentira para evitar males mayores, que hacer como tú, que no has dicho ni pio, ¡y vamos a dejar ya las alusiones a los pollos que me va a dar algo! Además, no es lo mismo un marido que una madre.

CONCHA: No, las madres no suelen llevar calzoncillos, por lo demás no veo la diferencia.

MARIANO: ¿Vives tú con tu madre?

CONCHA: No.

MARIANO: ¡Pues yo sí! *(Dándose cuenta de lo que ha dicho)*

Quiero decir, que yo sí vivo con Fede, y la convivencia diaria es muy delicada. Además, Fede sabe perfectamente lo que me pasó, se lo he contado con pelos y señales.

CONCHA: Ya, ¿y también le vas a contar lo que te ha dicho de lo tuyo la doctora Ruiz? Porque tu marido está esperando que le llames y se lo cuentes.

MARIANO: Ya, ya lo sé.

CONCHA: ¿Y?

MARIANO: ¡Y yo qué sé, Concha! Lo que no quiero es que se presente aquí y me eche la bronca, y me diga lo que hay que hacer y lo que no. Cuando llegue a casa ya se lo contaré, pero quiero contarle también nuestra idea, y para eso necesito que tengamos todo muy bien pensado. No quiero que empiece a plantearme un inconveniente detrás de otro y no poder rebatirlos. Necesito su apoyo, Concha. Fede es... perfecto, y me quiere mucho.

CONCHA: ¿Y tú?

MARIANO: ¿Perfecto, yo? Ni por asomo.

CONCHA: No, tonto, que si tú también le quieres mucho.

MARIANO: Pues... supongo que sí. Sí, sí, claro que le quiero. Lo que pasa es que él tiene los pies clavados en la tierra, es sólido como una roca, y lleva fatal lo del incidente de la Casa de Campo. *(Se ríe sin ganas)* ¿Sabes lo que me dijo ayer? Me dijo: "Vale, mañana vas al psiquiatra de la Seguridad Social para que te dé la baja, y cuando la tengas me acerco yo a ver a tus jefes del Metro y les digo que te llevo unos días de viaje, para que te relajes. Me pido quince días de vacaciones y los pasamos en el Hospital General de Massachusetts".

CONCHA: ¿En el Hospital General de Massachusetts?

MARIANO: ¡Pues eso mismo le dije yo!: "¿En el Hospital General de Massachusetts?" Pero él, dale que dale: "El servicio de Psiquiatría del Hospital General de Massachusetts está considerado como el líder de los Estados Unidos. Ofrece una asistencia de alto nivel para todas las dolencias psiquiátricas, con un equipo de más de 250 médicos experimentados. Innovan en todos los campos de la psiquiatría moderna: en la neurociencia, la psicofarmacología, la psiquiatría transcultural, la psiquiatría psicodinámica, la psicopatología, la psiquiatría geriátrica y los trastornos del sueño. Es el mejor y más famoso de los hospitales de Estados Unidos, país que cuenta con los mejores servicios psiquiátricos de todo el mundo".

CONCHA: Así, ¿todo de golpe y de memoria?

MARIANO: Recién bajadito Internet. Y no sólo eso, también se bajó el teléfono y quiere reservar plaza hoy mismo. ¡Hoy por la tarde!

CONCHA: Mariano, ¿vosotros sois millonarios?

MARIANO: Bueno, mujer, millonarios, millonarios, no. ¡Yo no, por lo menos! Fede sí, un poco. Es que tiene un puestazo en una multinacional.

CONCHA: Ya, ya, ya… y ahora me dirás que es muy guapo.

MARIANO: Hasta decir basta.

CONCHA: ¡Jolines con el Fede!

MARIANO: *(Resignado)* Pues eso digo yo: ¡Jolines con el Fede! Imagínate, un hombre así que me haya elegido a mí, un simple conductor del Metro, como marido… pues como que te obliga a darle la razón en cosas que a lo mejor te gustaría discutir más. No sé cómo decirte.

Él es la estrella y yo el actor secundario. Y siempre lo he aceptado por agradecimiento, por asombro, por miedo a perderle, vete tú a saber. Pero con todo lo que ha sucedido, y más aún ahora, al conocerte, Concha, algo que estaba dormido, muy dormido en el fondo de mi corazón, se está empezando a desperezar. Es como si viera una luz, mi propia luz, que es la tuya; mi nombre escrito en luces de neón: ¡Mariano!, y que también es tu nombre: ¡Concha! Y me gusta como brillan. Soy yo, soy yo mismo que me reflejo en ti. Y me gusta lo que veo. Me gusta porque me doy cuenta de que no tiene nada que ver con el amor, sino con la verdad, con una parte auténtica de mí mismo que creía perdida para siempre. Me veo a mi dentro de la cabina, con nuestros nombres brillando en la cabecera y todo el convoy detrás, lleno de gente que se ríe, se saluda, que bailan y disfrutan de su día de felicidad. Y te veo a ti, saludándome con la mano, radiante entre tus hortalizas que vas regalando a diestro y siniestro.

CONCHA: *(Decidida y tierna, le toma la cara)* Todo eso es precioso, Mariano, de verdad, pero no me parece nada fácil que Fede nos apoye. Piensa que vamos a estar solos en este negocio.

MARIANO: ¿Puedes repetir eso que has dicho?

CONCHA: Piensa que vamos a estar solos en este negocio.

MARIANO: *(Entusiasmado)* ¡Negocio, negocio, negocio!

CONCHA: Mariano, ¿qué pasa?, ¿qué estás pensando?

MARIANO: Tú no te preocupes, que tengo un plan.

CONCHA: ¿Qué plan?

MARIANO: Ahora tú no te preocupes por eso.

CONCHA: Pero es que…

MARIANO: En serio, Concha, confía en mí.

CONCHA: *(No muy convencida)* Vale, venga, ya me contarás.

MARIANO: Eso es. Ahora vamos con lo principal.

Mariano despliega el plano del metro sobre la mesa. Se sitúan a su alrededor.

MARIANO: *(Entusiasmado)* Mira, estos puntos gordos son los trasbordos, es decir, que cada una de las Líneas están conectadas justamente ahí. Lo entiendes, ¿no?

CONCHA: Mariano, que soy de Madrid capital.

MARIANO: ¡Ay, perdona, es que me entusiasmo! Bueno, pues no tendríamos más que abrir nuevos tramos, pasando por alguno de esos trasbordos, y hacer con ellos una sola Línea.

CONCHA: Y esa Línea la trazaríamos pensando en unir las estaciones que van a los parques, a los bulevares, a los espacios abiertos…

MARIANO: Ni más ni menos.

CONCHA: Pues estupendo. Y en cuanto al tren en sí, cualquiera nos vale, ¿no? Bastaría con un par de cosillas: *(despacio, pensando)* ponerlo bonito, pintarlo con colores relajantes, decorarlo, poner equipo de música, de video, salida de humos, entrada de gas, *(acelera)* sofás, mesitas, taburetes, un lugar especial para mascotas, servicios, lavabos, zona de fumadores, de vapeadores, zona de juegos para los niños, biblioteca, videoteca, ludoteca, wifi… *(Pausa)* ¡Ay, Mariano, que eso es mucho más que un par de cosillas!

MARIANO: ¡Exacto! Y para hacerlo, necesitamos una

inversión inicial, que no va ser pequeña, y ahí, precisamente ahí, entra en juego mi plan magistral. Escucha, vamos a decirle a...

Vuelve a sonar un móvil. Los dos buscan por todo el cuerpo. Mariano saca el suyo.

MARIANO: Yo no soy, eres tú.

CONCHA: *(Asustada)* ¿Yo? ¿Es mi móvil?

MARIANO: Sí, cógelo, será tu madre.

CONCHA: ¿Mi madre? Mi madre no, si está de maniobras...

MARIANO: ¿Quieres mirar a ver?

CONCHA: ¡No! Digo, sí... *(Mira el móvil)* ¡Mi madre!

MARIANO: ¡Tu madre!

CONCHA: ¡Mi madre!

MARIANO: ¡Contesta!

CONCHA: ¡No quiero! ¡No puedo!... ¿Qué le digo?

MARIANO: ¡Pero si no sabes para qué te llama!

CONCHA: ¡A lo mejor se ha enterado de lo de la baja!

MARIANO: ¡Pues razón de más! *(Le quita el móvil y contesta él)* ¿Dígame? Sí, ahora se pone... no, es que está podando unas ramas bajas, pero ahora mismo la aviso, no cuelgue. *(Le tiende el teléfono a una aterrada Concha)* Es tu madre... que te pongas...

Mientras Concha se debate, vuelve a oírse la megafonía: "Doctora Ruiz... Doctora Ruiz. Pase con urgencia por secretaría. Doctora Ruiz. Pase con urgencia por secretaría. Por secretaría. Secretaría". A la vez que esto sucede, Concha y Mariano gritan, el móvil vuela por los aires, va de uno a otro, tratan de alcanzarlo, al fin lo coge Concha y cuelga.

CONCHA: Voy a matar a la tía del megáfono.

Amaga con irse, pero vuelve a sonar el móvil.

MARIANO: Ahora sí que tienes que contestar.

CONCHA: *(Siniestra)* Ya... *(Cambiando completamente de actitud)* ¡Hola, mami, qué sorpresa! ¿Cómo estás?... ¿Yo? Perfectamente... No, a mi compañero, que se le ha caído el teléfono dentro del capacho y... ¿Hospital? ... ¿Qué hospital? ¡Ah, bueno sí, sí, qué tontería! Es que estamos trabajando en el hospital... Éste... Que no me acuerdo ahora... Sí, mujer, que es el... El hospital... Se llama como... ¡Si es un nombre muy conocido, mujer! Lo tengo en la punta de la lengua...

Angustiada, le dice por señas a Mariano que le eche una mano.

CONCHA: *(Tapando el auricular)* ¡¡Hospital con jardín, hospital con jardín!!...

"¡¡ Lo tengo!!" Dice Mariano, sin decirlo realmente. Levanta tres dedos de la mano, como el juego de las películas, recalca que va a decir las tres palabras a la vez. Acto seguido hace con el brazo el movimiento de una trompa de elefante y luego hace que se lleva una escopeta a la cara y dispara.

CONCHA: ¡Rey Juan Carlos, mamá! Hospital Rey Juan Carlos. Ahí es dónde estoy yo trabajando... ¿Bonitos?

(Vuelve a mirar Mariano, que le hace señas de que no son nada del otro mundo) Pues lo que son unos jardines, cómo te diría yo, corrientitos, ni fu ni fa, nada del otro jueves... ¡Bueno, y tú qué te cuentas!... ¡Qué me dices!... ¡Qué bien!, ¿y las maniobras? ... Claro, has tenido que dejarlas... ¡Mucho, mucho, mamá!, tú te lo mereces... ¿Esta noche?, pues no sé qué... no, es que el jardín de aquí es una birria, sí, pero muy grande, mamá, enorme y no sé si... bueno, a las diez de la noche, supongo que sí... vale, vale...sí, se dónde está... ¡Mucho, mamá, me alegro muchísimo!... Eso es, hasta la noche... ¡mi general !... Un beso, un beso... *(Cuelga. Está pálida)*

MARIANO: ¿Mi general ? Pero tu madre, ¿no era coronel?

CONCHA: Tú lo has dicho: era. Acaban de nombrarla general de brigada. Sí antes era difícil contarle todo esto siendo coronel, ahora que ha subido en el escalafón ni te cuento.

MARIANO: Pero, ¡qué va! ¿Es que no lo ves? ¡Ese es mi plan! ¡El plan perfecto del que antes te he hablado! Para nosotros es una perita en dulce. Contar con un coronel de la Guardia Civil está genial, pero con un general de brigada... ¡se nos van a abrir todas las puertas!

CONCHA: *(Alarmada)* ¿Contar con mi madre? ¿Para qué, Mariano?

MARIANO: Para lo mismo que vamos a contar con Fede: para que sean ellos los que firmen el proyecto.

CONCHA: *(Desilusionada)* ¿Ellos? ¿Nuestro proyecto? ¿Nuestra maravillosa Línea Recreativa? Pero Mariano, si es la niña de nuestros ojos.

MARIANO: Pues por eso. Piénsalo, Concha. ¿Quiénes

somos tú y yo? Un conductor de Metro al que casi linchan en el andén de la Casa de Campo porque se le fue la hoya y secuestró a todo un convoy de Metro, y una jardinera municipal que se cree que destrozando el Paseo de Recoletos va a acabar con el hambre en el mundo. Eso es lo que piensan de nosotros. ¡Estamos en la consulta del psiquiatra, por el amor de Dios! Nadie va a pensar que esta idea es viable si se la plantean dos individuos con semejante historial. En cambio, una general de brigada de la Guardia Civil, formando tándem con un guapísimo señor forrado de pasta, ya es otra cosa, me parece a mí que con ellos sí que pegarán la oreja más de dos y más de tres.

CONCHA: Pero es que a mí me hace muchísima ilusión que lo hagamos tú y yo, a nuestra manera.

MARIANO: *(Cariñoso)* ¡Pero si lo vamos a hacer! Ellos únicamente van a estar ahí de cara a la galería.

CONCHA: *(A punto de llorar)* ¡Qué no Mariano, que no va a ser lo mismo!

MARIANO: ¡Qué sí, tonta!

CONCHA: ¡Qué no!

MARIANO: Qué sí.

CONCHA: Qué no.

MARIANO: ¡Qué sí, corazón!

CONCHA: *(Prácticamente llorando)* ¡Qué no! Así no voy a poder, Mariano, así no, es imposible… se me junta todo y yo no puedo con todo lo que se me junta cuando se me junta. Yo así, como tú dices, no sé hacerlo. No quiero hacer esto con mi madre. Esto es mío, es mi corazón, mi locura, ¡nuestra locura! Mi madre va a convertir mi alcachofa soñada en un carro de combate. Y ¿qué crees que va a hacer tu Fede? Dirá que los martes es el peor día de la semana para hacer negocios, y te mangoneará, y al final lo convertirá todo en un tour guiado para turistas simplones. *(Se rehace)* Si vas a hacerlo con ellos no cuentes conmigo, pero eso sí: olvídate de la huerta. Es lo único hermoso que queda dentro de esta cabeza de loca. No pienso dejar que vuelvan a arrasarlo. Y menos que nadie, tú.

MARIANO: Nadie va a arrasar nada. Todo lo contrario: es la única posibilidad que tenemos. Aún estamos aquí, Concha, esperando la opinión del psiquiatra.

CONCHA: Y gracias a estar aquí he dejado de creer en los diagnósticos. Me siento cien mil veces más cuerda que cuando llegué, y completamente dueña de mis ilusiones por primera vez en mi vida. No voy a volver a dejarlas en manos de nadie, ni madres, ni maridos, ni turistas y si es necesario, ni siquiera en manos de mi único amigo. ¡Ni yo soy mi madre, ni tú eres Fede! *(Una idea ilumina su mente)*.

MARIANO: Entonces, qué, Concha, ¿renunciamos? ¿Lo mandamos todo al carajo?

CONCHA: Yo no he dicho eso. *(Pensando)* Cuando una puerta se cierra, se abre una ventana.

MARIANO: Ya, pero es como si nuestra ventana estuviera en el décimo piso. Si cerramos la única puerta que hay, ¿se puede saber cómo salimos? ¿Volando, como los pajaritos?

CONCHA: No necesariamente... A mí también se me está ocurriendo un plan, pero uno en el que tú y yo seguimos teniendo el control.

MARIANO: ¡A ti y a mí, ni siquiera nos van a dejar abrir la

113

boca en cuanto sepan lo que nos pasó!

CONCHA: Puede ser, pero ¿sabes qué? Mi idea puede cambiar todo eso.

MARIANO: Vale, tía lista, pues cuéntame ese plan tuyo que es mejor que el mío.

CONCHA: *(Tras una pausa misteriosa)* Usurpación de identidad. Tú te haces pasar por Fede y yo por mi madre. *(Pensando y sin perder el tono de misterio)* También podríamos hacerlo al revés, pero iba a ser menos creíble.

MARIANO: *(Desequilibrado. Se mueve de un lado a otro de la consulta)* ¡Y a mí que la doctora Ruiz me está empezando a caer de maravilla! Porque me deja tiempo para pensar, ¡como no viene, pues yo pienso!, pienso en las cosas que… en fin, en los planes, en concreto en este plan que me propones y que bueno, cómo diría yo, es un plan que… tu plan, tu plan, el plan tuyo que, como de primeras, es, es, es… en fin, es lo que es. Luego está el mío, que tú no, ese no, a ti mi plan, como que mi plan no te va, así que si pienso en el tuyo, tu plan, esa magnífica idea que consiste en que, vamos a ver… en que primero Fede me planta y luego tu madre nos fusila, no necesariamente por ese orden, aunque ambas cosas son absolutamente posibles y razonables. Una vez sucedido esto - y como yo, por mi parte, no tendría nada que reprocharles- mi espíritu partiría sin rencor al otro mundo y podría descansar en paz por los siglos de los siglos. Ellos se quedarían con la conciencia tranquila, ya que han hecho justicia y, con el tiempo, se olvidaría el asunto y mis cenizas, al menos las mías, que no sé las tuyas, quedarían dispersas y abandonadas en cualquier lugar de las costas gallegas, al menos eso haría Fede por mí como último tributo a mi burrez innata. Mi guapo millonario encontraría otro hombre más listo, más bueno, más guapo que yo, y mi existencia quedaría por completo olvidada de la historia personal y colectiva de este mundo. *(Pausa. Hace movimientos como si repasara una a una las conclusiones a las que acaba de llegar.)* Acepto.

CONCHA: ¿Qué? ¡Aceptas! ¡Así que te parece bien!

MARIANO: En absoluto. Me parece un disparate de dimensiones cósmicas, pero es el único plan con el que tú vas a estar de acuerdo, y yo no pienso dar un solo paso sin ti en este asunto. Si se me ocurriera alguna otra cosa te la diría, pero estoy en blanco.

CONCHA: ¡Piénsalo! Ellos darían la cara, como tú quieres, pero sin estar, sin enterarse de nada, como yo quiero. ¡Y nadie mejor que nosotros para hacernos pasar por ellos!

MARIANO: Pero es que tu santa madre es general de la Guardia Civil. Nos va a caer prisión permanente revisable, lo sabes, ¿no?

CONCHA: ¿A nosotros? ¡Pero si estamos locos, Mariano! En el caso de que nos descubran, no olvides que no somos dueños de nuestros actos.

MARIANO: Anda, mira tú por dónde, ¡qué bien! *(Irónico)* ¡Todo está saliendo a pedir de boca!

CONCHA: Y qué lo digas, Mariano, y qué lo digas.

Oscuro.

ESCENA 4

Al subir la luz vemos a Mariano y a Concha, desplegando una extraña actividad. Cada uno, ignorando al otro, mantienen imaginarias conversaciones con otra persona. Se sientan, se levantan, pasan a espacios imaginarios, dan la mano a personas también imaginarias, ríen, sonríen, construyen y reconstruyen actitudes corporales. Asistiremos a composiciones de personaje (Mariano trata de hacer de Fede y Concha de su madre) sin que en ningún momento se solapen sus acciones físicas. Mientras esto sucede, se vuelve a oír la canción infantil. Al finalizar esta, el juego se detiene y ambos unen sus acciones.

CONCHA: *(Haciendo de su madre y hablando con alguien imaginario)* Y lo hemos de conseguir tratando de conformar un cuerpo hortícola-jardinero moderno, sí, pero que al mismo tiempo mantenga los valores tradicionales de servicio, sacrificio y entrega al pueblo que siempre le han caracterizado, en el desempeño de su difícil cometido.

MARIANO: *(Lo mismo, pero siendo Fede. Pone acento gallego)* ¡Ah! Y algo muy importante que no debemos dejar de hacer si queremos que esta idea cuaje en la población: a mayor precio, más derecho a diversión. Y, por supuesto...

CONCHA: *(Le corta, mirándole de hito en hito)* Mariano, ¿por qué pones ese acento?

MARIANO: *(Con acento)* ¡Ah! ¿Qué no te dije? Es que Fede es de Pontevedra.

CONCHA: Pues eso se avisa, hombre.

MARIANO: *(Con acento)* Perdón, perdón.

CONCHA: Y te advierto que a mí se me pegan muchísimo los acentos.

MARIANO: Pues vamos despacito y con buena letra.

CONCHA: Vale, vale... yo ya, ya yo... *(Tratando de volver a concentrarse. Vuelve a ser su madre)* Un uniforme. Un uniforme de gala diferente al que se usa a diario. Un uniforme bonito pero pertinente, que dé confianza sin perder autoridad por parte del conductor y los subalternos. *(A Mariano, como si fuera Fede)* Creo que en ese terreno mi amigo Federico está más formado que yo, ¿no es así, Federico?

MARIANO: *(Como Federico, a la supuesta guardia civil)* Bueno, si se refiere a uniformes de la guardia civil, no puedo contestar afirmativamente, pero si a lo que se refiere usted es a estar al tanto de las últimas tendencias en moda y aplicarlas a la indumentaria de los conductores de Metro, ahí ya si puedo aportar mi granito de arena. Lo que no me gustaría es que fuese así por el mero hecho de ser yo homosexual.

CONCHA: ¡Federico, no me insulte usted! Le recuerdo que está hablando con la primera mujer general de brigada del cuerpo de la Benemérita. No existe ningún tipo de discriminación en la guardia civil por causa de sexo o de inclinación sexual.

MARIANO: ¡Eso habría que preguntárselo a los guardias civiles gays!

CONCHA: ¡No, no hay nada que preguntar! Es evidente.

MARIANO: Lo será para Ud., porque un amigo nuestro -de Mariano y mío- tuvo que abandonar el cuerpo por que le hacían la vida imposible.

CONCHA: ¡Qué hubiera dado parte a sus superiores!

MARIANO: ¡Pero si eran sus superiores los que le puteaban!

CONCHA: ¡Haga Ud. el favor de hablar bien, que no cuesta trabajo, y céntrese, hombre, céntrese, que no estamos hablando de derechos humanos!

MARIANO: ¡Ah, no? ¿De qué estamos hablando entonces? Se supone que esta idea es para hacer felices a las personas, para devolverles su derecho a ser libres. Y me sale Ud. con poner uniforme a los conductores, una idea absolutamente estúpida, aunque estén guapísimos con él.

CONCHA: *(Con sorna)* Guapísimos dice, guapiiiíiísimos... ¡Cómo se le nota lo suyo!

MARIANO: ¿Lo mío? ¿Y qué es lo mío?

CONCHA: Pues cosas de homosexuales, qué le vamos a hacer, cada uno es como es... Y se lo digo sin acritud.

Se quedan mirando en actitud retadora. Repentinamente entra corriendo la doctora Ruiz. Ambos la miran malhumorados.

DOCTORA RUIZ: ¡Uh, qué mal rollo! *(Ve la comida que continúa encima de la mesa)* ¿Puedo? Es que, a estas horas, tengo un hambre...

CONCHA Y MARIANO: *(De mal humor)* ¡Coja, coja!

La doctora Ruiz lo hace. Se vuelve a asomar al exterior.

DOCTORA RUIZ: ¡Ahora sí que sí! *(A los otros)* ¡Y no pelearse, chicos, que no merece la pena! La vida son cuatro días.

Sale.

MARIANO: Y esta ¿quién es?

CONCHA: Y qué más da, otra loca cualquiera. Nosotros a lo nuestro, Mariano. Vamos a intentarlo otra vez, pero fijándonos más en lo que une a Fede y a mi madre, que en aquello que los separa. ¿Vale?

MARIANO: Vale. Por cierto, no me has dicho como se llama tu madre.

CONCHA: Pilar.

MARIANO: ¡Ah, claro, como la Virgen del Pilar! Muy propio, muy propio. *(Poniendo acento otra vez, pero ahora más bien parece catalán)* Bueno, pues imaginemos que Pilar y Fede se presentan a un tercero que va a aflojar la pasta. Entramos en el despacho.

CONCHA: Mariano, pero Fede ¿no tiene acento gallego?

MARIANO: Sí...

CONCHA: ¡Pues es que ahora parece de Tarrasa!

MARIANO: ¡Ay, ya lo sé, pero es que se me dan muy mal los acentos!

CONCHA: ¡Pues entre el lío que te haces tú y que a mí se me pegan todos, vamos a acabar hablando en euskera, Mariano!

MARIANO: Todo es cuestión de concentración.

CONCHA: Concentración. Concentración.

Se concentran. Vuelven a sus papeles. Las réplicas que siguen a continuación irán al unísono, de modo que quede claro que el entendimiento entre los personajes es altamente complicado.

CONCHA: Buenos días.

MARIANO: Buenas tardes.

MARIANO: Queríamos empezar...

CONCHA: No queremos empezar hasta...

CONCHA: Cómo Ud. comprenderá...

MARIANO: Puede que Ud. no comprenda...

MARIANO: La idea puede parecer compleja...

CONCHA: La idea no puede ser más sencilla... El beneficio para su empresa...

MARIANO: Sabemos que su empresa no busca beneficios...

CONCHA: *(Cortante)* Federico, ¿quiere dejarme hablar a mí?

MARIANO: Pues no señora, porque no dice más que naderías.

CONCHA: ¡Ah, vamos, que si no se dice lo que Ud. quiere, no se dice nada!

MARIANO: Me remito a los hechos.

CONCHA: No, si ahora el gay va a ser Castelar, no te digo.

MARIANO: Señora, no volvamos a las andadas.

CONCHA: ¡Pues deje hablar a los mayores, hombre! ¡Cuándo los mayores hablan se callan los niños, hombre!

MARIANO: ¡Le recuerdo, mujer, que estamos los dos en esto!

CONCHA: Por desgracia. Pero ¡hasta aquí hemos llegado! ¡A mí no me mangonea ni el presidente de la nación! Ya se lo dije a mi hija: nena, creo que no has escogido a los mejores soldados para ganar esta guerra.

MARIANO: Pero que se cree Ud. doña Pilar, ¿qué el mundo es un cuartel? Pues no señora, que somos libres, y el que se larga de aquí soy yo. A Mariano me lo llevo a Massachusetts y se acabó esta tontuna. ¡Qué estoy ya harto, coño!

CONCHA: ¡Ay, esa boquita, esa boquita! Si es que dónde no hay educación no hay nada que rascar.

MARIANO: Doña Pilar, Doña Pilar, que está Ud. empezando a inflarme las narices.

CONCHA: *(Con acento gallego)* ¡Y más que se las puedo inflar!

MARIANO: ¿Se está Ud. riendo de mí?

CONCHA: *(Como Concha)* ¡Ay, qué no, Mariano, que no! ¡Qué se me pegan muchísimo los acentos, ya te lo he dicho!... ¡¡¡Carallo!!!

Se derrumba sobre las sillas. En su desánimo van a confundir la realidad con la ficción.

CONCHA: Mira, Mariano, te voy a ser muy sincera: ¡que cerrazón mental la de Federico!

MARIANO: ¡Es que Doña Pilar es de cemento armao!

CONCHA: ¡Mi madre hace lo que puede, pero Fede se pone tan estupendo que la saca de sus casillas! Es lógico.

MARIANO: ¡Tu madre es una homófoga!

CONCHA: ¡Hala, ya salió! El argumento gay por excelencia cuando las cosas no van a vuestro gusto. Mi madre, dada su edad y condición, me parece que está demostrando una gran apertura mental.

MARIANO: Sí, Doña Concha pone a Federico a confeccionar uniformes de gala porque es gay. Ella hace los negocios mientras mi Fede juega a las muñecas, ¿no? ¿A eso lo llamas tú apertura mental?

CONCHA: Teniendo en cuenta que hablamos de una general de brigada, sí. Y lo que me ha parecido muy inoportuno, ahora que sacamos este tema, es el comentario sobre vuestro amigo guardia civil. La homosexualidad es un tema complejo en el Cuerpo, y Federico lo ha sacado a mala leche. ¿No es tan listo? Pues que tenga un poquito de delicadeza; eso, por lo menos.

MARIANO: ¡No, no, no! ¡Nos estamos equivocando! Estamos confundiendo todo. Vamos a tomarlo con calma. Qué te parece si nos imaginamos algo menos frío, más íntimo, algo que les implique a los dos, a tu madre y a Federico, de una forma directamente afectiva. Podemos imaginar, en tu caso, que le estás contando a tu madre lo de la huerta en Recoletos, y yo, imagino el momento en el que le digo a Fede que paso de la doctora Ruiz y de ir a Massachusetts.

CONCHA: ¿Imaginar ese momento? Sí, sí, no es mala idea. Y puede también servirnos a nosotros para ir pensando, ir ideando la manera en la que, ya sabes... Plantearles el tema.

MARIANO: Como un ensayo, sí.

CONCHA: Bueno, pues ¿quién empieza?

MARIANO: No sé, ¿cómo lo vamos a hacer? ¿Tú haces de Fede y yo de Doña Pilar?

CONCHA: Mejor tú de Fede y yo de Doña Pilar.

MARIANO: ¿Y yo de ti y tú de mí?

CONCHA: No. Tú de tú y yo de mí.

MARIANO: Pero si yo hago de mí no puedo hacer de Fede a la vez.

CONCHA: Pero es que el tú de ficción no es el yo de verdad.

MARIANO: Entonces cuando yo haga de ti, ¿hablo con Doña Pilar?

CONCHA: No, doña Pilar habla conmigo que no eres tú, sino yo.

MARIANO: Vamos, que tu madre no somos ni tú ni yo. Yo soy tú haciendo de tu madre.

CONCHA: Y Fede eres tú hablando conmigo pero que no soy yo sino mi madre.

MARIANO: Ya... yo soy yo, que no eres tú, sino el otro tú que no habla con Fede sino con Doña Pilar.

CONCHA: Y cuando yo hago de Fede tú haces de mi madre, porque estamos hablando de dos personas distintas.

MARIANO: O sea, que tu madre no es Fede.

CONCHA: No, Doña Pilar eres tú hablando conmigo, pero que no soy yo, sino mi madre.

MARIANO: Es decir, que tu madre no es Fede.

CONCHA: No. Doña Pilar es la madre de Fede, que soy yo.

MARIANO: Pero entonces yo sería el yerno de tu madre, que eres tú. Yo tendría que hablar con mi suegra como si fuera Fede, y no tu madre.

CONCHA: Mi madre serías tú.

MARIANO: Pero yo no puedo ser mi suegra y yo mismo a la vez. Mejor que yo fuera mi suegra, y tú mi marido, que es tu madre.

CONCHA: Pero mi madre no puede ser tu marido. Es antinatural.

MARIANO: Ya, eso sí, dado que si mi suegra es Fede, tú eres yo. Entonces yo tengo que ser Doña Pilar.

CONCHA: Pero eso sería peor aún. Tú no puedes estar casado contigo mismo.

MARIANO: No, no, no, digo que yo soy Doña Pilar, pero como si fuera tu madre, no mi marido.

CONCHA: ¡Ah, ya! Y yo entonces sería Fede, pero no como si Fede fuera la madre de Doña Pilar sino simplemente tu marido.

MARIANO: ¡Eso es! Y cuando tú haces de Doña Pilar, yo hago de ti.

CONCHA: Y cuando tú haces de Fede yo soy tú.

MARIANO: ¡Equilicuá!

CONCHA: ¿No habíamos dicho eso desde el principio?

MARIANO: ¿Tú crees?...

CONCHA: Bueno, da igual, ya nos ha quedado claro, ¿no?

MARIANO: *(Muy rápido)* Tú eres yo, yo soy tú, tú eres tu madre y yo mi marido.

CONCHA: *(Tranquila)* Nooooo... Cuando yo soy Fede tú eres tú y cuando tú eres Doña Pilar yo soy yo.

MARIANO: *(Igual)* Fede soy yo, y tú tu madre, tú eres yo y yo soy tú.

CONCHA: *(Igual)* Noooo...Tú haces de mi madre hablando conmigo que soy yo, y tú de Fede hablando contigo que no eres tú sino yo.

MARIANO: *(Rindiéndose)* ¡Bueno, pues será así!

CONCHA: *(Con suficiencia)* Lo es, lo es.

Pausa. Por un momento, Mariano vuelve a ponerse de mal humor, pero se controla.

MARIANO: Concha, vamos a procurar no prejuzgarlos, ¿vale?

CONCHA: Voy a hacer todo lo posible. Y para demostrar mi

buena disposición, empezaré yo, haciendo de mí misma…

MARIANO: … y yo seré tu madre, o sea, Doña Pilar.

LOS DOS: *(Piensan un instante en lo que han dicho)* ¡Eso es!

CONCHA: Bueno, pues acabamos de venir de la cena y estamos en casa de mi madre, en el sofá, felices y relajadas…

MARIANO: *(Interrumpiendo)* ¡Ja, ja, ja, ja!

CONCHA: ¿Qué haces?

MARIANO: Me río. Has dicho que estabais felices. Me río de una cosa que ha dicho tu madre.

CONCHA: ¡Ah, bien, bien, vale, que ya hemos empezado!

Mariano asiente con la cabeza, sonriendo. A partir de ahora, y hasta nueva orden y si no se indica otra cosa en las acotaciones, Concha es ella misma y Mariano es Doña Pilar.

CONCHA: ¡Ja, ja, ja, ja, ja! ¡Qué gracia, sí! ¡Muy bueno, mamá, muy bueno!

MARIANO: ¡Bueno, bueno!… Bueno, hija, y a ti ¿cómo te va? ¿Qué tal en el hospital? *(Silencio aterrado de Concha)* Cuando te llamé por teléfono estabas trabajando en un hospital, ¿no?

CONCHA: *(Aliviada)* ¡Ah, sí! En el, en el… *(Mariano le chiva por lo bajo el nombre)* ¡En el Rey Juan Carlos, sí, eso es! No sé qué me pasa con ese nombre que se me olvida siempre… ¡Con lo famoso que es! *(Risas de ambos)* Pues bien, bien, el trabajo bien pero, precisamente, quería comentarte una cosa sobre el trabajo que…

MARIANO: *(Interrumpiendo con entusiasmo)* ¡Lo vas a

dejar! ¡Lo vas a dejar y vas a entrar en el Cuerpo!

CONCHA: ¡Ay, mamá qué no! ¡Eso ya es historia antigua, lo hemos hablado mil veces! No, no lo voy a dejar. Me gusta mucho mi trabajo, lo malo es que mi forma de entenderlo, digamos que, últimamente, choca bastante con la idea que en general se tiene de él.

MARIANO: *(Muy condescendiente)* Me vas a perdonar, hija, pero no creo yo que haga falta un máster para hacerse una idea de tu trabajo: azada, pala, tijeras de podar, capacho, un mono de trabajo y ganas de pasar frío en invierno y calor en verano. ¿Me dejo algo?

CONCHA: Sí, mamá. Como siempre, te dejas la parte más importante, la parte espiritual de mi trabajo, el placer que a mí, a tu hija, le produce ver cómo crece la vida a su alrededor y cómo lo hace gracias a sus propias manos.

MARIANO: Perdona, Concha, tienes razón.

CONCHA: No estamos en el cuartel, mamá.

MARIANO: Qué ya, hija, qué ya.

CONCHA: Estamos en tú casa, y por una vez me gustaría que hablásemos como madre e hija.

MARIANO: ¡Qué ya te he dicho que lo entiendo, caramba! ¿Qué quieres? ¿Qué te pida perdón de rodillas?

CONCHA: *(Haciendo un esfuerzo de paciencia)* Vamos a dejarlo, mamá. *(Pausa)* Lo que trato de explicarte es que… Mira, para que lo entiendas: eso que se dice en el ejército…

MARIANO: *(Interrumpiendo)* La Guardia Civil no es el ejército, nena, te lo he explicado mil veces.

CONCHA: Ya, ya, ya, pues mira, eso que se les dice a los héroes uniformados de: "por su entrega y valor, más allá del deber".

MARIANO: *(Interrumpiendo)* Esa frase es de las películas norteamericanas, cuando al protagonista le dan la Medalla del Congreso.

CONCHA: Pero, ¿por qué me lo pones tan difícil, mamá?

MARIANO: Yo sólo puntualizo, hija.

CONCHA: Bueno, pues deja de puntualizar, a ver si puedo explicarme de una vez.

MARIANO: De acuerdo: te escucho.

CONCHA: Imagina que soy ese soldado al que le han dado la Medalla del Congreso, o mejor aún, no lo imagines, porque en realidad eso es lo que me ha pasado.

MARIANO: ¿El Ayuntamiento da condecoraciones a los jardineros? ¡No sé a dónde vamos a parar! ¡Cómo está España!

CONCHA: No, mamá, nadie me ha dado una condecoración, pero yo sí le he echado valor a mi trabajo, más allá del cumplimiento del deber, y ese "más allá" me ha traído ciertas complicaciones.

MARIANO: *(Seriamente)* ¿Qué complicaciones, Concha? Mira que te temo más que a un nublado, hija. Espero que no hayas hecho ningún disparate de los tuyos, porque mi carrera está en estos momentos en el punto de mira de todo el mundo. Aún no es oficial y nos van a mirar con lupa a las dos. A las dos, Concha. Debes comportarte como si fueras una hija ejemplar. Una vez que el nombramiento se haya hecho efectivo, pues mira, te pones el mundo por montera si te da la gana, pero hasta entonces te necesito a mi lado, no creo que sea mucho pedir.

CONCHA: ¿Y lo que yo necesito de ti, mamá?

MARIANO: Seguro que puede esperar hasta entonces.

CONCHA: *(Aguanta las ganas de llorar. No está enfadada, sino desolada)* Sí, sí, seguro que puede esperar; al fin y al cabo, ni siquiera sabes qué es lo que necesito de ti. Aún ni te he explicado lo que me pasa porque te da igual lo que sea. Tú estás por encima en el Escalafón.

MARIANO: No es eso, hija, sólo te pido que, sea lo que sea, tratemos de solucionarlo luego. Ahora no está el horno para bollos, cariño. Tú cuéntame que te pasa, y cuando yo ya sea general de brigada y todo esté tranquilo, vemos cuál es la mejor manera de salir de ese apurillo tuyo, ¿te parece?

CONCHA: No, no me parece. Y no es un "apurillo" mamá, es una catástrofe en toda regla. Un cataclismo de tal magnitud que significa en mi vida un antes y un después.

MARIANO: ¡Concha, por el amor de Dios! ¡No sé si quiero oírte!

CONCHA: Pues lo vas a hacer... ¡y sin interrumpirme! Porque o lo digo todo de golpe o me echo a llorar como una Magdalena *(Mariano intenta decir algo)* ¡Sin interrumpirme, mamá, te lo suplico! *(Mariano hace gestos de acceder)* Cuando hemos hablado por teléfono esta mañana, y tú me has dado la gran noticia de tu ascenso, yo no estaba trabajando, estaba en la consulta de la doctora Ruiz, psiquiatra. Estaba ahí porque en el trabajo me han dicho que tenía trastorno del control de los impulsos y que me tenían que dar la baja sí o sí *(Mariano se va alarmando cada vez más)* ¿Y sabes cuál ha sido ese impulso que me ha llevado hasta el psiquiatra? Intentar convertir el Paseo de Recoletos en una hermosísima huerta para que todos los ciudadanos que no tienen tanta suerte como tú porque jamás les van a permitir subir en el escalafón social, puedan disfrutar un poquito de la vida. Para que al menos sus pobres estómagos se sientan por un momento más importantes que una general de brigada de la Guardia Civil. Eso he hecho, mamá. Y me han declarado oficialmente local. Sí, sí, lo mío ya es oficial, aunque transitorio, no como lo tuyo, que es a perpetuidad, a no ser que cometas alta traición, o faltes al honor del cuerpo, claro, cosa que no vas a hacer, aunque sí me traiciones a mí y mi honor te importe un bledo.

Mariano se queda de una pieza, pálido, rígido, boquiabierto. Intenta balbucear unas palabras, pero no le sale la voz. Se levanta, da unos pasos y... cae redondo al suelo.

CONCHA: ¡Mamá, mamá! ¡Mamá, por favor, dime algo! *(No reacciona)* ¡Mamá! ¡Mamita mía!

MARIANO: *(Débilmente)* No te preocupes, Concha, que tu madre, morirse, no se va a morir... Pero que le va a dar un síncope severo, ya te digo yo que sí...

CONCHA: *(Muy afectada)* ¡Lo sabía! ¡Si es que lo sabía! Por eso no quería contárselo...

MARIANO: Bueno, por lo menos te has quitado un peso de encima.

CONCHA: Al contrario, ahora me siento más culpable que antes.

MARIANO: Pues hemos hecho un pan para unas hostias.

Se quedan los dos sentados en el suelo, silenciosos. Cuando

Mariano habla, hay un timbre claro de temor en su voz.

MARIANO: Ya sé que ahora me toca a mí, pero no quiero hacerlo. No quiero representar mi escena con Federico. Ya he tenido bastante con la tuya.

CONCHA: ¿No quieres? No me extraña.

MARIANO: *(Cómo si sus palabras manaran lentamente de lo profundo de su corazón)* No, no quiero. Imagino que ahora mismo estará comprando ropa de abrigo, o de verano, él ya sabrá el tiempo que va a hacer en Massachusetts. Me comprará cosas preciosas, porque me quiere mucho. Siempre quiere lo mejor para mí. Soy como un niño al que cuida con esmero, pero al que mira por encima del hombro. Él no se da cuenta, y si alguna vez me enfado y se lo comento, me dice: "¿Pero de qué estás hablando, amor mío? Si yo sólo vivo por ti, si yo estoy loco por ti". *(Muy despacio)* Loco, loco, loco, loco... Loco de amor. *(Se levanta. Se da cuenta de la importancia de lo que acaba de decir)* Por el amor de Fede he renunciado al mío propio. ¡Prefiero que me quiera un hombre a quererme yo! ¿Pero que tiene Fede en la cabeza? ¿Cómo se le ocurre llevarme a un sitio lleno de señores que hablan inglés! ¡Con lo mal que yo hablo el inglés! Mira, Concha, esto trata mucho más que de un estúpido viaje sin sentido. Esto trata sobre si quiero estar o no con Fede, sobre si estoy o no enamorado de él por muy guapo, rico, y superior a mí que sea. Y, sobre todo, de si quiero permanecer loco porque me da la gana a mí. Con él o sin él.

CONCHA: Tienes toda la razón, Mariano, pero tranquilízate, hombre.

131

MARIANO: *(Saltando. No ha escuchado a Concha)* ¡Ahora estará comprándome unas botas de montaña! ¡Seguro! ¡Y un chaleco de plumas ligero y funcional, comprimible y aislante! ¡Cómo si lo viera! Todo a juego, precioso y carísimo, para lucir marido loco por los Apalaches... Pues que tenga cuidado, porque seguro que los Apalaches están llenos de barrancos, y en un momento de enajenación... ¡igual se me escapa un empujoncito de nada!

CONCHA: ¡Mariano, por Dios! ¡Qué estás hablando de matar a Fede!

MARIANO: ¡Pues mira, no había llegado a tanto, me conformaba con partirle las dos piernas, pero ahora que lo dices, tampoco estaría mal!

CONCHA: ¡Mariano, haz el favor de dejar de decir sandeces, que me estás poniendo muy nerviosa!

MARIANO: ¡Si es que es un cabronazo, Concha! Y lo que más me duele es que existe la posibilidad de que todo esto del Metro lo haya hecho por su culpa, que todo ese amor que yo iba a repartir a diestro y siniestro sea el que necesito yo, ¡yo!, ¡¡yo!! porque él no ha sido capaz de dármelo nunca... ¡Hasta de esto se va a apropiar! ¡Hasta de mi día glorioso! Va a demostrar su superioridad al mundo vistiéndome como al novio alpinista de la Barbie. *(Pausa. Desinflándose, agotado)* Ridiculizándome una vez más, incapaz de ver el dolor que me produce, sin darle la menor importancia.

CONCHA: *(Yendo hacia Mariano y sentándole en una silla)* Mírame, Mariano... ¡Mariano, mírame, hombre! *(Mariano lo hace)* Existe esa posibilidad, sí. Y es horrible pensar que nuestras extrañas relaciones familiares hayan sido el detonante de nuestras respectivas locuras. Pero puede haber otras razones, no sé, cientos, miles de cientos de razones.

MARIANO: ¿Seguro, Concha? Porque casi tengo la certeza de que la tuya y la mía tienen mucho que ver con la venganza. Y eso me jode profundamente. Lo entiendes, ¿no?

CONCHA: ¡Cómo no voy a entenderlo! Lo más cerca que ha estado mi madre de un comportamiento tierno, fue una vez que me regaló un pasador para el pelo con la bandera de España. Así que yo también tengo miedo de haber hecho todo esto por puro rencor; pero si es así, te juro que mi locura se acaba aquí. Lo que yo quiero, Mariano, es que de entre esas miles de razones posibles, sólo quede una: la más profunda y plena convicción de todo esto nace de lo mejor de nosotros mismos. Estaremos locos, Mariano, pero entre estar loco y ser un imbécil hay una distancia enorme.

MARIANO: (*Sonriendo con amable melancolía*) Y en qué punto de esa distancia estoy yo? Un tipo que se lleva a la gente a ver amanecer a la Casa de Campo.

CONCHA: Personas.

MARIANO: ¿Qué?

CONCHA: Que son personas, Mariano, no gente. Eso me lo has enseñado tú.

MARIANO: ¿Sí? ¿Y qué más te he enseñado?

CONCHA: Que el mundo va mucho más allá de nuestro ombligo.

MARIANO: Vamos, que te he metido en un lío de narices.

CONCHA: (*Alegremente*) Tarde o temprano tenía que pasar.

Además, tú solo me has dado el empujón definitivo. Hasta que te conocí estaba dispuesta a tramitar mi baja y devorarme a mí misma. Pero ahora no, ya no. ¿Cómo te lo explicaría? Los dos sabemos que estamos solos, sí, pero únicamente se trata de una apariencia. Lo que pasa en realidad es que nuestra soledad es más grande, porque la tuya se ha ensanchado con la mía y la mía con la tuya. Al juntarse, se han alimentado la una de la otra y ahora es una soledad grande, sí, pero rellena. Es decir que, si una persona junta su soledad con la de otra persona, deja de ser soledad para convertirse en compañía.

MARIANO: *(Sonriendo a su pesar)* Qué barbaridad, Concha, esas deducciones tan... Tan tuyas, tienes que empezar a apuntarlas porque es una pena que se pierdan en el infinito. ¿Puedes volver a repetirme lo que has dicho?

CONCHA: No, no puedo, pero me has entendido perfectamente. A partir de ahora podemos echar la culpa a Doña Pilar, a Federico, a la doctora Ruiz, a la señorita de la megafonía o a quien sea necesario, pero de ninguna forma quiero se la echemos a la soledad. Ya no existe en nuestras vidas, así que tendremos que trazar nuestros planes de futuro sin contar con ella.

MARIANO: Y sin Doña Pilar y Federico.

CONCHA: *(En un suspiro)* Eso sí que va a ser complicado...

MARIANO: Complicadísimo, Concha, pero si queremos seguir adelante, hay que coger el toro por los cuernos.

CONCHA: Llevar las riendas, ¿no?

MARIANO: Eso es.

CONCHA: Entonces, ¿tenemos que...? *(Señala a los móviles y hace el gesto de llamar)*

MARIANO: *(Imitando su gesto)* Sí, tenemos que.

CONCHA: ¿Y tiene que ser ahora mismo? ¿No podemos esperar un poco, por favor? Un poco, un poquito, un poquitillo de nada.

MARIANO: No, Concha, cariño mío, tiene que ser ahora mismo.

CONCHA: Vale. ¡Ay, Dios Santo! Vale, vale…

MARIANO: Vamos allá.

Ambos cogen los móviles. Primero habla Mariano y Concha le escucha.

MARIANO: Fede, soy yo. Sí, sí, ya he terminado… Luego, luego te cuento… Que no… Que no… Que no… ¡Que no, Fede, para un poquito, por Dios! En una hora como mucho estoy ahí y te cuento… No me pasa nada, estoy perfectamente… ¡No! ¡Ni se te ocurra venir por aquí, Fede! espérame ahí… Pues ya te he dicho que una hora, o un poco más, a lo mejor… ¡Bueno, pues no salgas, déjalo para luego!... ¿Qué tienes que comprarme qué? ¡Ah, ya, unas botas de montaña! Pues mira, déjalo para mañana porque antes quiero que hablemos sobre el viaje… No, la doctora no me ha dicho nada, pero soy yo el que no sabe si quiere irse a Massachusetts… Ya… Ya…. Ya… Sí… Sí… Sí… No… No… No, ¡que no, que no voy a discutirlo contigo por teléfono! En una hora más o menos estoy en casa y hablamos. Eso es… Hasta ahora… Adiós, adiós.

Concha también marca un número. Mariano escucha.

CONCHA: Hola, Doña Pi... digo, mamá, soy yo... ¡quien voy a ser, pues Concha, tu hija! ¿Conoces a alguna otra persona que te llame mamá?... Nada, no importa. Oye, que mejor cenamos en casa... No, por nada, para estar más tranquilas... ¿En la tuya? ¡No, no, no, no, en la tuya ni hablar! ¡En la tuya no que igual te da un síncope!... quiero decir que mejor en la mía ... No, ya me encargo yo, salgo antes del trabajo y compro cosas de picoteo... ¡Ay, sí, mamá, de picoteo!, ¿Qué más dará? Lo importante es que estemos relajadas y que hablemos de todo lo que se nos viene encima... No, nada está claro, por lo menos para mí, no... Qué va a pasar, nada, que quiero contarte una cosa que... ¡Bueno, pues no te asustes que no hay motivo! ... Ya... Ya.... Ya... Sí... Sí... Sí... No... No... No... ¡Porque no, que ya lo hablamos esta noche!... Pues vale... A las diez en mi casa... ¿La dirección? Ah, es verdad... Pues mira qué bien, así, de paso, ya la conoces, que nunca te he invitado en todos estos años a venir a mi casa ... Calle del Acuerdo, 10, 1º b. Eso es... Venga, venga Doña... Digo, mamá. Adiós, adiós, hasta la noche. *(Cuelga. A Mariano)* ¿Me has oído? He estado a punto de llamarla Doña Pilar un par de veces. Se ve que me sale más natural tratar a mi madre de usted que tutearla. Y cuando la he llamado mamá me ha preguntado que quien era yo. Pero lo peor de todo, es que me he dado cuenta de que nunca la he invitado a mi casa. Ni siquiera se me pasó por la cabeza en todos estos años. Antes, cuando no nos hablábamos, era natural, pero hemos hecho algunos avances en los últimos tiempos... Y aun así, yo, en cierto modo, le niego la posibilidad de que forme parte real, cotidiana, de mi vida. Jamás le he abierto la puerta de mi casa. ¡Ay, Mariano, que me parece que yo no quiero a mi madre!

MARIANO: Y yo ya no sé si quiero a Federico o si él me quiere a mí. ¿Sabes qué, Concha? No sé si soy un loco o un imbécil. Un imbécil por arriesgarlo todo a una sola carta, o un loco por tener tantas ganas de seguir adelante. *(Pausa. Piensa un momento. Muy decidido)* ¡Y qué caramba!, otra cosa te voy a decir: estoy pensando que El Galope Infernal no es la mejor música para viajar a las siete de la mañana hacia la Casa de Campo. No sé, igual es más adecuado algo de Rafael, de Azúcar Moreno, de Paloma San Basilio...

CONCHA: *(Ilusionadísima)* ¡No, no, no, no! ¿Sabes lo que me encantaría a mí? La música esa del señor que le puso una manzana en la cabeza a su hijo a ver si le acertaba con la flecha...

MARIANO: ¿Guillermo Tell?

CONCHA: ¡Ese!

MARIANO: No sé, no la conozco...

CONCHA: ¡Sí, hombre sí! Es la de... *(Tararea la obertura de Guillermo Tell, de Rossini)* ¡Nararan, nararan, narara, ra, ram...!

MARIANO: *(Acompañándola)* ¡Nararan, nararan, narara, ra, ram...!

Ambos ríen.

MARIANO: ¡Ja, ja, ja, ja! ¡Qué pirada estás, Concha!

CONCHA: ¡Ja, ja, ja, ja! ¡Le dijo la sartén al cazo!

Se miran larga, intensamente. Mariano tiende sus manos a Concha. Concha las toma entre las suyas. Vuelven a tararear la canción...

CONCHA: Nos van a tratar como a delincuentes, pero me parece la única manera de defender nuestro derecho constitucional a ser felices.

MARIANO: *(Sonriendo)* Concha, en la Constitución no se habla por ninguna parte del derecho a la felicidad de los ciudadanos.

CONCHA: ¿Me lo estás diciendo en serio? ¿De verdad? Pues mira, Mariano, si la Constitución no dice que tengo derecho a ser feliz a mi manera, habrá que cambiarla, porque si la Constitución no garantiza la felicidad de las personas por encima de todo, es que es una mierda.

MARIANO: Llama a esa mierda como quieras: Fede, tu madre, la Constitución, tu baja, la mía... todo forma parte de lo mismo. Tenemos que saber si queremos ser los dueños de nuestras vidas. Pero eso es algo que tenemos que hacer por separado.

CONCHA: Mariano, me da miedo que el tiempo pase y no volvamos a vernos. ¿Y si yo no encuentro la manera de arreglar las relaciones con mi madre? Y tú, ¿cuánto tiempo te va a llevar decidir si quieres o no a Fede? ¡El tiempo mata muchas ilusiones, Mariano!

MARIANO: ¡Concha, mi Concha! Eso no va a pasar, porque nos vamos a poner un plazo. ¿Te parece bien que nos volvamos a ver dentro de seis meses?

CONCHA: ¿Seis meses? No, no, no, yo necesito más tiempo. Date cuenta que si arreglo el tema de mi madre y luego quiero volver a liarla ¡pero bien liada! con la huerta, necesito por lo menos un año. Tú menos, claro, porque en cuanto sepas que hacer con Fede te puedes montar en el Metro y, ¡ale, a la Casa de Campo!, pero yo tengo que esperar a que asomen mis hortalizas, y eso no se puede forzar… Un año. Démonos un año. Pongamos un día y un lugar exactos en los que volvernos a ver.

MARIANO: Se me va a hacer larguísimo, pero bueno, lo que dices de la huerta es verdad. Te propongo una cosa: que nos encontremos a esta misma hora, este mismo día, dentro de un año, en la estación de Alonso Martínez. Si el convoy de Metro no para en la estación y escuchas a todo volumen la canción de Guillermo Tell querrá decir que ya no hay marcha atrás. Ya me las arreglaré yo como sea para que nos veamos más tarde en el Lago de la Casa de Campo. Espérame ahí. *(Pausa)* Por supuesto, habrá represalias, tendremos que decirle adiós a la Línea Recreativa y retirarnos a los cuarteles de invierno por una temporada.

CONCHA: Bueno, pero mi huerta en Recoletos y tu convoy exprés a la Casa de Campo serán nuestras campañas iniciales. La manera de hacerles ver que no tenemos miedo, que no deseamos ser curados. Ya se nos ocurrirán muchas más, siempre y cuando logremos superar el añito que nos espera.

MARIANO: Júrame que lo intentarás.

CONCHA: ¡Júramelo tú también!

MARIANO: Te lo juro, Concha.

CONCHA: Te lo juro, Mariano. Con todas mis fuerzas.

MARIANO: Pues entonces, hasta dentro de un año, pase lo

que pase. A partir de ahora tendremos que mirarnos a un espejo y decidir si lo que quede de nosotros merece la pena ser salvado o no.

CONCHA: No pienso decirte adiós, Mariano.

MARIANO: Ni yo voy a despedirme de ti, Concha.

Se abrazan. Son conscientes de que va a ser el último abrazo en mucho tiempo.

Se alejan el uno de la otra, sin dejar de mirarse. Mariano, cerca de las cajas, le da la espalda a Concha. Concha también se vuelve hacia las otras cajas. Casi ya fuera de escena se vuelven a mirar una última vez.

MARIANO: *(Para sí)* Mujer Hortaliza...

CONCHA: *(Igual)* Hombre Topo...

Se van. Se escucha la megafonía: "Doctora Ruiz, doctora Ruiz. Doctora Ruiz, doctora Ruiz, doctora Ruiz. Si alguien sabe dónde está la doctora Ruiz, por favor informe al puesto de enfermeras más cercano. Doctora Ruiz, doctora Ruiz. Doctora Ruiz, doctora Ruiz... ay, señor, ¡llévame pronto!".

La luz baja hasta quedar la escena a oscuras.

ESCENA 5

Se escucha una canción infantil y la luz va subiendo poco a poco. Estamos en el andén de alonso martínez. Concha está en escena, con una alcachofa en la mano. Está nerviosa. Espera. Un tren va a llegar. Expectación. Escucha con el alma en vilo. Llega el tren y para. Decepción. Espera tensa. Llega otro tren. Se repite el proceso. También para. Concha está a punto de llorar, hace pucheros sin poder evitarlo. Se escucha llegar otro tren, pero... Otro sonido acompaña al traqueteo de las ruedas. Es un sonido indefinido. Una sonrisa hermosísima comienza a dibujarse en los labios de Concha. Se levanta, se levanta, se empina sobre sus pies, se acerca al borde del escenario. El tren y la música ya están casi presentes en escena, cada vez se hace más clara la melodía: la obertura de Guillermo Tell, de Rossini.

CONCHA: ¡Voy, Mariano, voy! ¡Voy, voy, voy!

Aparecen en la escena, cuando la música está en pleno apogeo, Mariano con un pequeño tren y la doctora Ruiz con un avión. Los tres saludan con la mano en alto. La luz baja y se centra en ellos, mientras continúa escuchándose la obertura de Guillermo Tell, hasta el

OSCURO FINAL

Pequeño mundo soy y en esto fundo
que en ser señor de mí, lo soy del mundo

SZENIKA

El gran teatro del mundo
de Pedro Calderón de la Barca.